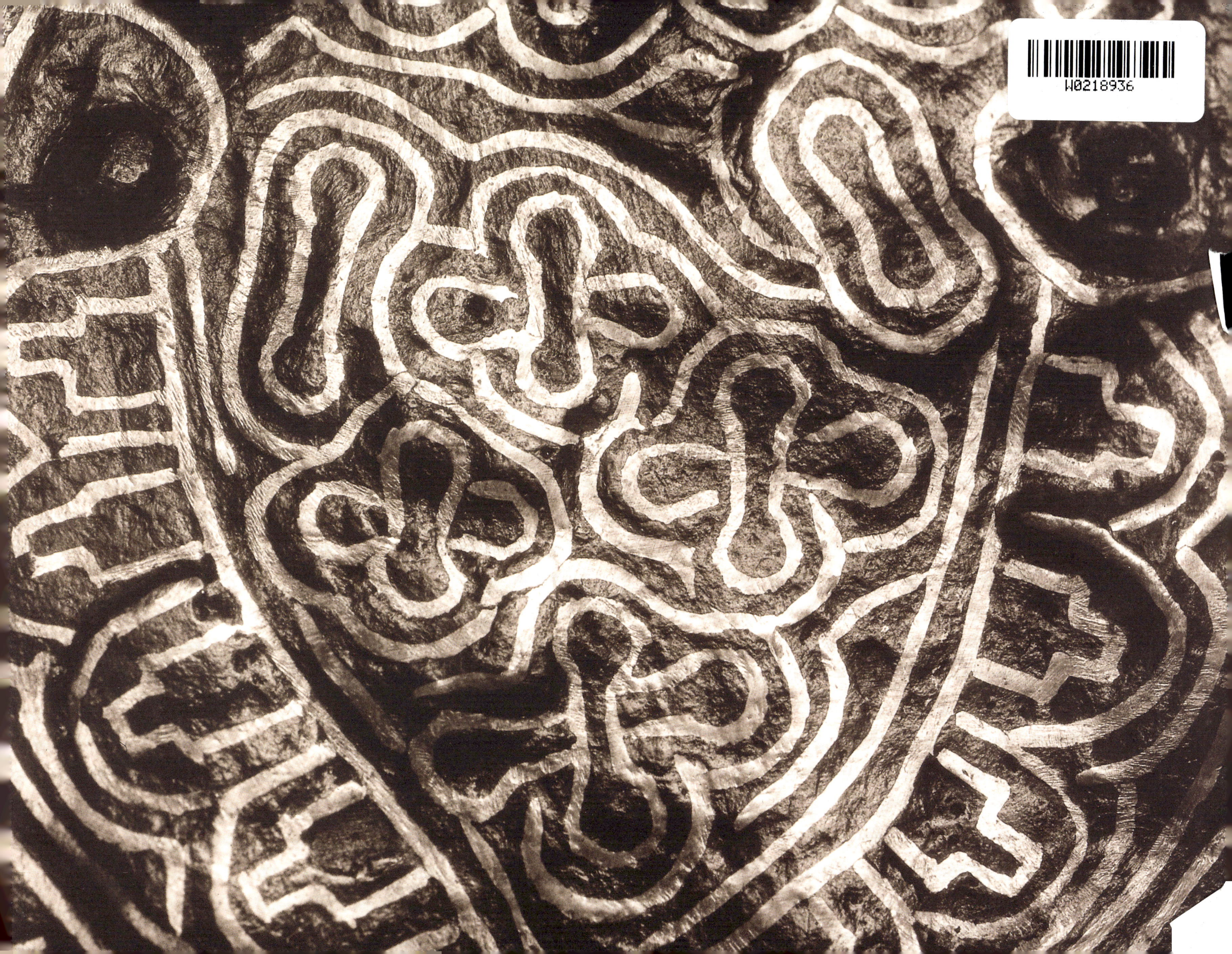

Bruno Mooser · Alfons Huber · Dorit-Maria Krenn

Straubing

Bruno Mooser
Alfons Huber · Dorit-Maria Krenn

Straubing

Verlag Attenkofer

Impressum:
Verlag und Druck: Cl. Attenkofer'sche Buch- und Kunstdruckerei
94315 Straubing
1. Auflage 2000

ISBN 3-931091-62-7

Straubing – „Zierde des gantzen Landes“

Straubing ist eine unvergleichliche Stadt. An Alter, Geschichtlichkeit und Tradition überragt es, hebt es sich spürbar ab von anderen gleich großen Orten, seien sie in der altbayerischen Heimat oder auch in anderen Landen gelegen. Mitten im fruchtbaren, von der Donau geprägten Gäuboden erhebt sich die Stadt Straubing, reich an Türmen und historischen Denkmälern, „eine schöne wolerbawte Bayerische Statt einer zimblichen grösse vnnd in einem fruchtbaren, lustigen vnd ebnen Lande“ (Martin Zeiller, 1632). Seit alters ist dieses bayerische Kernland besiedelt: Sorviodurum, Strupinga, Straubing. Die überlieferten Namen verraten die keltische und römische Besiedlung, das Werden des bairischen Stammes sowie eine politische und kulturelle Kontinuität über eineinhalb Jahrtausende.

Auf der Hangterrasse des Donaustromes erbaut, dehnt sich die breit hingelagerte Stadt – mitten in die weite Ebene des Gäubodens hineingesetzt, beschützt im Norden vom sogenannten „Wald“, im Süden vom sanft ansteigenden Hügelland umringt – das Land beherrschend aus, bildet den Mittelpunkt, das Kernstück einer gesegneten Landschaft im bayerischen Unterland. Diese Stadt und ihre Bewohner wussten und wissen seit eh und je um ihre besondere Lage und Bestimmung: Gäuboden, Hügelland, Vorwald und die Stadt bilden eine Einheit, die erwachsen ist aus den Beziehungen dieses Raumes, bekräftigt und bestätigt ist in einer weit über tausend Jahre alten Geschichte und damit auch für die Zukunft prägend und bestimmend bleibt.

Ein Stadtplatz wie „ein Reflex der weiten Donauebene“

1218 gründete der Wittelsbacher Herzog Ludwig der Kelheimer etwa einen Kilometer westlich des alten Siedlungskernes Strupinga mit der romanischen Basilika St. Peter die „Neustadt“, das heutige Zentrum. Er musste sich zwar mit dem Augsburger Domkapitel, dem Grundherrn, arrangieren, doch glich die verkehrsgünstige Lage am Donauübergang der wichtigen Fernhandelsstraßen von Westen nach Osten sowie von Norden nach Süden solche Nachteile aus. Die frühen Wittelsbacher sahen ihre neu gegründeten Städte und Märkte als Stütz- und Ausgangspunkte beim Ausbau ihrer Territorialmacht. Und so erfuhr auch die Neugründung Straubing stets herzogliche Förderung. Das geschäftliche, geistliche und kulturelle Leben verlagerte sich somit immer mehr von der „Altstadt“ in die „Neustadt“, deren topographischen Ursprünge im Umfeld der alsbald errichteten Pfarrkirche St. Jakob vermutet werden.

Die Stadtanlage selbst beschreibt ein Rechteck, das durch eine sehr breite Mittelstraße, den Marktplatz, erschlossen wird. Dieser große Platz mit einer Breite von rund 40 sowie einer Länge von 600 Metern hat seit alters den Bauernmarkt, die Schranne, den Pferde-, Gemüse- wie auch den Gesindemarkt aufgenommen.

Im Grundriss gleicht der Stadtplatz mit seinem Turm in der Mitte einem mastenbewehrten Schiffsdeck. An der Brüstung gleichsam reihen sich rings um die Plätze stattliche Häuser des Bürgertums und Beamtenadels. Bürgerlicher Repräsentationswille und Wohlstand brachten in fast allen Stilrichtungen gestaltete Straßenbilder hervor. Vereinzelt auftretende Elemente der Spätgotik und Renaissance wechseln mit frühen und späten Formen des Barocks, mit Rokokoverzierungen, dem Stil des Klassizismus, der Neugotik, der Neurenaissance und des Neubarocks bis hin zum Jugendstil und den Formen eines reduzierten Historismus der 20er Jahre. Als ansehnliche, mit prächtigen Häusern geschmückte Stadt rühmt der churfürstliche Hofkupferstecher Josef Anton Zimmermann Straubing.

Dieser historische Stadtkern überstand auch den „schwärzesten Tag“ in der Straubinger Geschichte, den 18. April 1945, als amerikanische Flugzeuge die Stadt angriffen. Die Polizeibeobachter, die auf dem Stadtturm Dienst hatten, meldeten: „Wir sehen nichts mehr von der Stadt, nur noch Rauch und Trümmer.“ Fast 300 Menschen kamen durch diesen Luftangriff um, über 600 Gebäude, vor allem entlang der Bahnlinie, wurden getroffen.

Das Wahrzeichen der Stadt: der Stadtturm

Wer sich von Süden der Stadt nähert, dem bietet sich heute noch annähernd das selbe Bild wie vor Jahrhunderten. Der Turm tritt schon von weitem in sein Blickfeld und führt ihn gewissermaßen an die Stadt heran. Erst

unmittelbar vor dem Eintritt in die Stadt verschwindet er und zeigt sich dann auf einmal in seiner ganzen Monumentalität wieder, sowie der Gast das fehlende Steinertor durchschritten hat. Dem Besucher, der von Norden her in die Stadt kommt und den leicht abschüssigen Spitalberg heraufsteigt, erwächst er Schritt für Schritt in seiner vollen Höhe: „Man muß schon vollends in die große Stube torkeln, um dann aber plötzlich alles vor sich zu haben, was weitum beschreibend erzählt wird von der schönen und herrischen Stadt Straubing. Turm und Turm und noch einmal Turm“ (Josef M. Bauer, 1968).

Der Turm mit der Durchsicht von Süd nach Nord, ursprünglich ganz frei gestanden, liegt im Fadenkreuz der aus den vier Himmelsrichtungen kommenden Straßenzüge. Mit seinen vier Ecktürmchen weist er auf die vier Stadtviertel und Bezirke. Er fasst sie zusammen, bringt sie in Beziehung zueinander, da er auf alle, alle auf ihn bezogen sind. In ihm erlebt sich die Stadt in einer eigenen Gesamtschau, durch ihn wird die Stadt als Einheit empfunden. Als Pol und Pylon sozusagen wächst er aus der Mitte des gesamten Stadtgrundrisses. Wie durch unsichtbare Fäden sind die vor- und zurückspringenden, konkav und in Schwung verlaufenden Baulinien und Fluchten der Häuser sowie sonstigen städtebaulich hervorgehobenen Gebäude auf das zum Wahrzeichen gewordene Bauwerk in der Mitte der Gesamtanlage hin gespannt und bezogen. Trotzig, kräftig, stark und auf ewig sieht er sich selbst gebaut, wie eine eingelassene Steintafel mit dieser Inschrift verrät: „Haec turris firmiter erecta." – Dieser Turm ist unerschütterlich auf ewig errichtet.

Ein Turm ist für den mittelalterlichen Menschen Erlebnisträger und steinernes, dauerhaftes Symbol zugleich, in der Geschichte unserer Stadt der sichtbare Ausdruck eines kraftvollen Bürgertums, das sich, gefördert durch seinen Landesherrn, selbstbewusst entwickeln konnte. Eigenwillig und bewusst in die Mitte des neu gegründeten Gemeinwesens gesetzt, schuf der Turm die Möglichkeit zum Ausblick und zum Beobachten, bei Kriegs- und Feuersgefahr Alarm zu schlagen, auffallende Vorgänge im Umkreis der Stadt zu melden. Solch ein „fest errichteter Turm" entspringt dem Bedürfnis des damaligen Bürgers, seine politische Macht zu festigen und zu repräsentieren, ist aber auch dem mittelalterlichen Jenseitsstreben erwachsen.

Uralter Sitz von Verwaltung und Justiz

Das rasche Wachstum der 1218 gegründeten Neustadt machte Straubing von Anfang an zum wiederholten Aufenthalts-, Tagungs- und Repräsentationsort weltlicher und geistlicher Fürsten des Landes wie des Reiches. Als Straubing nach der Landesteilung 1255 im Zuge des Ausbaus der wittelsbachischen Macht zum Sitz des Viztums, also eines Stellvertreters des Herzogs, für das „untere" Niederbayern auserkoren wurde, bekam die Stadt einen Rang zugewiesen, den sie bis ins 19. Jahrhundert hinein behaupten konnte. Der Viztum stand einem herzoglichen Amt vor, ihm oblag die Einnahme und Abrechnung der dem Landesherrn zustehenden Gelder. Der Viztum vertrat somit die oberste Finanzbehörde, gleichzeitig war er aber auch – wiederum in Vertretung des Herzogs – Gerichtsherr, nicht nur für die Stadt, sondern auch für weitere ihm zugeordnete Gerichte und Ämter. Das Viztumamt sicherte der Stadt den einträglichen Vorzug, den „Hauptstätten in Bayrn zugesellet und gleich geschätzet zu werden" (Michael Wening, 1726). Um 1300 gehörten 13 Landgerichte zum Viztumamt Straubing: Cham, Eschlkam, Waldmünchen, Viechtach und Mitterfels im Bayerischen Wald, Abbach, Straubing, Deggendorf, Hengersberg, Ellenbach und Vilshofen an der Donaulinie, schließlich Haidau und Landau im südlichen Hügelland.

Im Jahre 1353 wurde dieses Territorium noch erweitert. Es entstand das selbständige Herzogtum Straubing-Holland, das die von Kaiser Ludwig IV. „erheirateten" Graf- und Herrschaften Hennegau, Holland, Seeland und Friesland hoch im Norden für fast 75 Jahre mit einem Großteil Niederbayerns verband. In dieser blühenden Epoche war Straubing Residenzstadt, erhielt die Stadt ihr bis heute bestimmendes Gepräge, ihre spätmittelalterlichen Bau- und Kunstdenkmäler. Nach dem Aussterben der Linie Straubing-Holland 1425 erbten die Münchner Wittelsbacher die Hauptstadt Straubing und einen Teil des „Straubinger Ländchens". Diese Dynastie trägt mit Herzog Ernst die Verantwortung für das tragische Schicksal der Agnes Bernauerin, die als unebenbürtige Gemahlin des Herzogssohnes Albrecht 1435 in den Fluten der Donau ertränkt wurde.

Die Regierungsstadt Straubing stellt über sechs Jahrhunderte hinweg im wittelsbachischen Herzog- und Kurfürstentum eine tragende Säule der Verwaltungsorganisation dar. Wohl in keinem anderen Bereich ist die Bedeutung der Stadt für das Land so ersichtlich wie in ihrer Funktion als Verwaltungszentrum und Sitz staatlicher Behörden. Das Herzogsschloss, das nicht nur Fürstenresidenz war, sondern in dem zum Beispiel das Rentmeister-, Maut- und Salzamt sowie das Regierungskollegium zu Hause waren, ist ein prächtiges Denkmal dieser Vergangenheit. In dieser uralten Tradition ist es heute nach einer tiefgreifenden Sanierung Sitz von Finanzamt, Museum, Stadtbibliothek und Stadtarchiv, bietet im Rittersaal und Schlosshof beeindruckend Raum für Konzerte, Empfänge, Festivitäten und die Agnes-Bernauer-Festspiele.

Das alte Verwaltungszentrum Straubing konnte im Königreich Bayern seine herausgehobene Stellung nicht behaupten. Die Montgelas'schen Reformen, die eine Modernisierung des Staatslebens anstrebten, beraubten Straubing 1802 des Regierungssitzes. Als Hauptstadt des sogenannten Regenkreises fungierte Straubing nur von 1808 bis 1810, verlor die Spitzenposition letztlich an Landshut, das bis heute Hauptstadt des 1837 formierten Regierungsbezirkes Niederbayern ist. Lediglich im Justizbereich bewahrte Straubing für einige Zeit seine Bedeutung, beherbergte von 1802 bis 1808 das Hofgericht, von 1848 bis 1932 das Schwurgericht für Niederbayern. 1901 wurde eine der modernsten Haftanstalten Europas, die „Königliche Strafanstalt Straubing“, eröffnet. Die Justizvollzugsanstalt Straubing ist heute eines der bekanntesten und sichersten Gefängnisse Deutschlands, prägt mit ihren Funktionsbauten, Wohnsiedlungen, Sport- und Landwirtschaftsanlagen zusammen mit ihrem Nachbarn, der 1893 errichteten Pflegeanstalt der Barmherzigen Brüder, den Südosten Straubings.
Was die städtische Selbstverwaltung betrifft, erlangte die Bürgerschaft nach der fast völligen Entmachtung Anfang des 19. Jahrhunderts allmählich wieder Rechte, Kompetenzen, Selbstbewusstsein, arbeitete sich Straubing von der „Stadt zweiter Klasse“ zur kreisfreien Stadt empor. Die bayerische Gebietsreform von 1972 brachte schließlich für Straubing eine Erweiterung und Abrundung von größter Bedeutung: Die Eingemeindung von Alburg, Hornstorf/Sossau, Ittling und Kagers sicherte die Kreisfreiheit. Dadurch erhielt die Stadt die erforderliche Bewegungsfreiheit für die Aufgaben des erstrebten Oberzentrums, zu dem es durch den Bayerischen Ministerrat 1993 auch ernannt wurde. Die Errichtung des „Internationalen Kompetenzzentrums für Biotechnologie und nachwachsende Rohstoffe“ im Jahr 2000 bekräftigt diese Stellung.

Glaube und Frömmigkeit

„Selber nach Straubing kommen! Selber hier knien und vor Staunen stumm werden! Denn Straubing ist die feinste der frommen Städte ...“ (Josef M. Bauer, 1968). Glaube und Frömmigkeit der Straubinger, aber auch ihre Wohlhabenheit und Prachtliebe tun sich kund in den zahlreichen geistlichen Denkmälern, prunkvollen Kirchen und würdevollen Glaubensstätten, die das Weichbild der Stadt und ihre Umgebung prägen.

Als ein Hort der inneren Einkehr gilt die romanische Basilika St. Peter, von Augsburger Domherrn um 1180 auf geistlichem Herrschaftsgebiet errichtet. Umschlossen wird sie von einem Friedhof, „gewis einer der schönsten und herrlichsten Friedhöfe im Lande“ (Franz S. Meidinger, 1787), mit seinem Bestand an Grabdenkmälern und den drei Kapellenbauten ein wirkungsvolles Ensemble. Der gewaltige Backsteinbau von St. Jakob, kirchliches Wahrzeichen der Herzogsstadt, zählt zu den bedeutendsten spätgotischen Hallenkirchen in Altbayern. Mit seiner Fülle an hochwertiger Ausstattung mit Skulpturen, Malerei und Glasgemälden vom Spätmittelalter bis in die jüngste Vergangenheit ist St. Jakob ein sichtbares Zeugnis jahrhundertelanger Gottesverehrung und Stätte sakraler Kunstwerke, die der Opferfreudigkeit und der tiefen Frömmigkeit der Straubinger Bürger verdankt werden. 1581 erhielt die Kirche durch die Verlegung des Chorherrenstifts St. Tiburtius von Münster nach Straubing den Rang einer Stiftskirche. Damit wurde auch St. Tiburtius neben St. Jacobus zum Patron von Kirche und Stadt erhoben.

Kloster und Bettelordenskirche der Karmeliten, St. Jakob kaum nachstehend, präsentieren sich als herausgehobener Ort eines fast schon 650jährigen monastischen Lebens. Die spätmittelalterlichen Grabdenkmäler machen das Gotteshaus, das sowohl der herzoglichen Familie wie auch Patrizier- und Bürgerfamilien wegen der Hochschätzung des Fürbittgebets der Mönche als bevorzugte Grablege diente, zu einer ergreifenden und erhebenden Glaubens- und Gebetsstätte. „Weil sie ein freidt haben, eine schöne Kirche zu bauen und zu ziern" (Egid Qu. Asam, 1736), schufen die Gebrüder Asam mit der Ursulinenkirche ihr letztes gemeinsames Werk im Übergang vom Barock zum Rokoko, einen einzigartigen Zusammenklang von Architektur, Skulptur und Malerei, auf dass der gesamte Konvent an „ihriger Kirchen ein sattsames contento und große freudt haben werden" (Egid Qu. Asam, 1736).

„Straubing, ein Statt in Tunka, ist sonderbar auch in disem glückseelig zu schätzen, daß sie nit allain der Marianischen Andacht sehr ergeben, sonder auch jnner vnnd ausserhalb seines Burgfrids mit wunderthätigen Bildnissen unser lieben Frawen gar wohl vernachbart ist" (Fortunatus Hueber, 1671). Unter diesen Wallfahrtsstätten wie etwa Karmelitenkirche, Sossau und Bogenberg ist die idyllisch gelegene Wallfahrtskirche Frauenbrünnl, mit ihrer achteckigen Kuppel kleeblattförmig angelegt und im Kuppeltambour mit einem Deckenfresko von Georg Asam ausgeziert, eine besonders originelle Schöpfung, ein kunsthistorisches Juwel.

Aus den bedrängten Herzen der Straubinger zu Beginn des Spanischen Erbfolgekrieges im Jahre 1704 ist die „in vornehmer Schönheit aufsteigende Dreifaltigkeitssäule" (Karl Tyroller, 1988) inmitten der Stadt hervorgegangen. Nach einem Hochamt in der Stiftskirche legten die Bewohner der Stadt das Gelübde ab, „der allerheyligsten Dreifaltigkeit, dem dreyeinigen Gott durch gesamt allhiesige Ständt und Einwohner eine marmorsteinerne Ehrensäule auf dem oberen Stadtplatz" zu errichten „zur Abwendung aller Kriegsgefährlichkeit". Wie kein anderes Kunstwerk in der Stadt wird diese Friedenssäule seit ihrer Einweihung im Jahre 1709 vom Opferwillen der Bürger erhalten und gepflegt, dient heute zugleich als Zeichen gelebter Ökumene.

Stadt an der Donau

Im Namen „Donau" soll sich das altindische Wort „danu", das „etwas Gutes, das seine Heimat im Himmel hat", bedeutet, verbergen. Ein „vom Himmel kommender Strom" wäre demnach die Donau, die als Ost und West verbindender Flusslauf weit eher als die anderen großen Ströme Europas in Sprache und Leben der Menschen wirksam war. Die Kenntnis des Ackerbaus wurde auf ihr in unseren Raum getragen. Für ihren Kastellort Sorviodurum, zwei Kilometer östlich des heutigen Stadtzentrums gelegen, legten die Römer wohl schon im 1. Jahrhundert nach Christus einen größeren Hafen an, indem sie die Mündung des Allachbaches in die Donau nützten. Doch von jeher hatten die Menschen auch mit der Naturgewalt des Stromes zu kämpfen. Erst in den letzten 150 Jahren wurde der Fluss reguliert. Größere Überschwemmungen waren keine Seltenheit.

Die Lage am Fluss wirkte sich für die Stadt von Anfang an auch günstig aus. Der Ausbau der „Bschlacht" (1477/80), wodurch der Stromlauf der Donau an Stadt und Schloss herangeführt wurde, brachte der Stadt zunächst eine militärische Sicherung. Noch wesentlicher aber war, dass die Stadt fortan die Schifffahrt besser kontrollieren konnte. „Maut und Wohlstand wurden gezwungen, Straubing nicht einfach rechts liegen zu lassen. Wein, Tuch, Leder, Eisen und Salz schieferten etwas hier ab. All das, besonders das Salz, hat baulich seine großen Zeichen hinterlassen" (Josef M. Bauer, 1968). Über ein halbes Jahrtausend zwang die „Bschlacht" den Strom und die Schiffe durch die Straubinger Schleife an Schloss und herzoglichen Maut- und Lagerstätten vorbei, bis sie im Jahre 1984 endgültig dem Bau der neuen Wasserstrasse quer durch Europa, dem Rhein-Main-Donau-Kanal, weichen musste.

Bereits zu Beginn des 20. Jahrhunderts diskutierten Straubinger Bürger die Idee eines Binnenhafens, um den „Industriestandort" Straubing zu fördern, die nur ansatzweise im Ziegelei- und Brauereiwesen vorhandene „Industrialisierung“ fortzuführen. Flüchtlinge und Heimatvertriebene gaben seit 1945 dem Straubinger Wirtschaftsleben, das vor allem von Landwirtschaft, Handel und Handwerk geprägt war, neue Impulse, gründeten Maschinenfabriken und Bekleidungsfirmen. Die Stadt dehnte sich mit Gewerbegebieten und Wohnsiedlungen nach Süden und Osten aus. Seit Mitte der 70er Jahre betrieb die Stadt den Ausbau eines großen Industriegebietes in Straubing-Sand mit Anschluss an die Wasserstraße Donau. Mit der Einweihung des Hafens im Jahre 1996 knüpfte Straubing an die bedeutende römische Vergangenheit an.

Straubing in Tradition und Fortschritt

Als die „5. Jahreszeit in Straubing“ und als das „Hochfest der Gäubodenstadt“ gilt das alljährlich auf dem Hagen gefeierte Gäubodenvolksfest. Das von König Maximilian I. eingerichtete und von ihm mit 700 Gulden dotierte „landwirthschaftliche Fest im Unterdonaukreise“, das „nach dem Muster des Zentralfestes in München in einer Viehausstellung und Preisvertheilung für die im Vaterland erzeugten, und erzogenen, und zur besten Zucht ausgezeichneten Viehstücke“ bestand, wurde erstmals 1812 in der Gäubodenstadt Straubing, „überdies für landwirthschaftliche Erzeugnisse der lebhafteste Markt des Unterdonaukreises“ (Sigmund von Kreith), abgehalten. Längst wurde aus diesem von König Maximilian I. „zur Beförderung und Aufmunterung der inländischen landwirthschaftlichen Industrie“ eingerichteten Landwirtschaftsfest nach dem Münchner Oktoberfest das zweitgrößte Volksfest in Bayern. Seinen Charakter als Heimatfest des Gäubodens und seiner Metropole, der Stadt Straubing, hat es dennoch bewahrt. Das Gäubodenvolksfest wird alljährlich Mitte August zehn Tage lang gefeiert. Neben dem Vergnügen hat dieses Fest auch eine informative und wirtschaftliche Seite, die „Ostbayernschau“, eine der großen Regionalausstellungen Ostbayerns. Wie geschickt die Stadt Straubing als Veranstalter in der Verbindung von Volksfest und Ostbayernschau Tradition und Fortschritt zu verbinden weiß, beweist die außerordentliche Anziehungskraft, die Fest und Leistungsschau auf fast eineinhalb Millionen Besucher ausüben.

Das Oberzentrum Straubing ist heute mit rund 44 000 Einwohnern nach Landshut und Passau die drittgrößte Stadt Niederbayerns. Sie ist nach wie vor wirtschaftlicher und kultureller Mittelpunkt der Region, bietet moderne Gewerbegebiete ebenso wie vielfältige Behörden- und Schuleinrichtungen oder abwechslungsreiche Erholungsmöglichkeiten – den einzigen Tiergarten Ostbayerns, mit Thermalwasser bediente Bäder, eine traditionsreiche Trabrennbahn.

Der weitgereiste brandenburgische Gutsherr, Jurist und Historiker Philipp Wilhelm Gercken lobte Straubing 1784 nach München als „die schönste Stadt in Bayern“. Und gleichwohl Straubing infolge eines verheerenden Stadtbrandes damals noch arg darniederlag, stand für ihn unzweifelhaft fest: „Wenn ich in Baiern mich aufhalten müßte und die Wahl hätte: so würde ich gewiß diesen Ort wählen, den nicht allein das Wohlfeile, sondern auch die gesunde heitre Lage in der schönsten Gegend von Baiern empfiehlt.“ Dass das Leben an diesem Ort irdisch vollkommen ist, in keiner Weise dem himmlischen Glück nachsteht, meint ohnehin eine uralte Redensart der Straubinger: „Wenn Jemand vom Himmel fiele, sollte er nach Straubing fallen.“

„Stadt aus der Ebene“

Annäherung an Straubing

Es ist ein schöne wolerbawte Bayerische Statt / einer zimblichen grösse / vnnd in einem fruchtbaren lustigen vnd ebnen Lande gelegen.

Martin Zeiller, 1632

Keine Stadt empfängt so überraschend und herrisch wie Straubing. Welche Stadt kann das schon! Welche Stadt sonst kann sich dieses Herrische der Wirkung ihres Anblicks leisten!
Man weiß in Straubing, was man ist, was man hat, was man war und was man will. Die Summe dieser vier Dinge mag man Selbstbewußtsein nennen. Welcher Stadt aber weit und breit im Umkreis stünde ein derart ausgeprägtes Selbstbewußtsein so großartig zu Gesicht wie der Stadt Straubing! ... Der Anblick der Stadt hat es so in sich, daß der Besucher sogleich auch einen kleinen Abriß der Straubinger Geschichte mitzunehmen hat, weil mit allem, was sich dem Auge darbietet, auch zugleich die Einladung verbunden ist zum Nachdenken in die Geschichte hinein, die hier aufgeblättert ist und an ihren wichtigsten Stellen irgendetwas Hochragendes als Merkzeichen besitzt.

Josef M. Bauer, 1968

Gleich hinter Sossau bildet die Donau eine weitausholende Schleife, als wolle sie mit einem artigen Hofknicks der alten Herzogsresidenz Straubing ihre Reverenz erweisen. Hat in Sossau der Legende nach der Strom nur die Kirche ans Ufer gespült, scheint er hier die ganze Stadt an das Gestade getragen zu haben. Sie gehört zu gleichen Teilen der Donau und dem Hinterland, der Kornkammer des Gäubodens an.

Max Rieple, 1969

Das Land um Straubing ist die Schmalzgrueben von Bayern, Strubinga sumen Boiorum.

Vocabular von 1618
(nach Johann A. Schmeller)

Rechts schwinden jetzt in der Donauebene Aholfing, die beiden Motzing (zwischen denen die Große Laaber der Donau zueilt), Breitenfeld, Eberau, Kagers; links am Abhang des Höhenzugs Zeitdorf, Weihern, Kirchroth, Pfaffenmünster – das alte Stift, näher dem Strom zu – Biechsee, Pittrich, Neidau, Kößnach, Hartzeilern, Eberau und Sossau an uns vorüber …
Vor Straubing, der freundlichen Stadt, landen wir jetzt, die in reicher, gesegneter, gegen Norden von sanften Berghöhen begrenzter Ebene vor unseren Blicken liegt.

Eduard Duller, 1838/40

Der Zusammenklang von Stadt und Land, von Bürger und Bauer, von Gäu und Wald, von Groß und Klein, von alter Tradition und maßvoll moderner Gesinnung in diesem romanisch-gotisch-barocken Siedlungs- und Wirtschaftszentrum ergibt die harmonische bayerische Seele dieser Stadt im Donautal, der historischen Kernlandschaft Bayerns. Hier schlägt das bayerische Herz in großspurigen Ober- und leisen, unverfälschten Untertönen am reinsten, für manche zu laut, die vom Bayerischen nicht viel verstehen oder wissen, für andere zu schwach, die den Bayern, vorab den Niederbayern, mehr politische Aktivität und Verstand wünschen.

Karl Bosl, 1968

Straubing ist die Stadt aus der Ebene. Sie wächst und west aus der Fläche, lebt und denkt aus der Horizontale, und kaum jemand ist hier noch das Bedürfnis angekommen, die Stadt irgendwie von oben zu sehen. Oh, Stadt Straubing braucht keinen Berg, um schön und glücklich zu sein! Es ist schön aus sich selber und glücklich aus seiner eigenen Nähe. Das macht: es ist eine urgesunde, eine bauerngesunde Stadt; denn die Straßen aus der goldenen Kornebene laufen in die Stadt hinein wie Feldwege in den Bauernhof.

Hanns Haller, 1954

Wer im Auto von Regensburg aus die Gegend um den Rainer Keller erreicht oder von München her den Dreifaltigkeitsberg hinter sich gebracht hat, kommt in den Bannkreis einer eigenartig schönen Landschaft. Die weite Ebene bildet den ruhigen, klarklingenden Grundakkord, aus dem heraus sich plötzlich Türme aufrichten, gesetzt über rotbraunes Dachgeschindel. In unwirklicher Weichheit schmiegt sich die feingezackte Silhouette Straubings an die fruchtstrotzende Erde, mag diese nun in einem lichtgrünen oder weizengoldenen Kleide prangen. Im Hintergrund stellt der Bayerische Wald eine blaue Kulisse auf, fast ein wenig sommermüde und von Zärtlichkeit überwunden, gemalt mit feinstem Pinsel. Es ist ein dem Wolkenweiß zugemischtes, liebliches Aquarell, durch das die Donau seit ewiger Zeit ihre Wasser nach Osten trägt, unberührt von den Launen der Erdenbürger.

Marzell Oberneder, 1952

Im Süden erstreckt sich die Niederbayerische Ebene, eben wie ein Schachbrett und bunt gemustert von fetten Äckern, durch die die stillen Wasser der Laber heranschleichen und hinter denen sich, ein ferner, fast waagrechter blauer Streifen, die Wasserscheide zur Isar andeutet. Doch hier, viel näher, stechen Türme aus dem flachen Land, prismatisch stumpfe von neuen Riesensilos, gotisch gespitzte alte Kirchen. Jenseits der Donau liegt Straubing.

Gertrud Fussenegger, 1976

Straubing war und ist keine Landeshauptstadt wie München, keine alte Bischofsstadt wie Passau, keine frühreife Pfalz-, Fernhandels-, freie Reichsstadt wie Regensburg; keine Burg- und Regierungsstadt wie Landshut und doch schlägt hier das bayerische Herz – wenn man es historisch meint – am reinsten; denn es liegt im Kernland Bayerns, in der fruchtbarsten Gäulandschaft Süddeutschlands, schmiegt sich an den mütterlichen Donaustrom und hat eine uralte Geschichte, die wie die Regensburgs und Passaus bis in die keltische Vor- und römische Frühgeschichte zurückreicht.

Karl Bosl, 1968

„eine uralte Geschichte“

Archäologische Zeugnisse

Um 475 bricht die römische Grenzverteidigung an der Donau zusammen, Alemannen durchziehen das Land ... Ostgoten, Rechtsnachfolger der Römer, kommen in den Donauraum, ebenso Thüringer, Langobarden und Franken, die sich neben den Leuten aus Baia als Bauern auf den Gäuböden ansiedeln. Aus den vielen „Zugereisten“ wächst ein starker Stamm zusammen. Belegen läßt sich dies alles aus einem unterirdischen Archiv, das noch längst nicht vollständig erschlossen ist. Die entscheidende Quelle für die Bajuwarenforschung bleiben die großen Reihengräber-Friedhöfe, wo die Toten in der Tracht bzw. mit der Bewaffnung ihrer ursprünglichen Heimat nebeneinander ruhen.

Karl Böhm, 1996

Als am Alburger Hochweg am Nachmittag des 27. Oktober 1950 bei Bauarbeiten von den Arbeitern ein großer, umgestülpt im Boden liegender Kupferkessel gefunden wurde, konnte noch niemand ahnen, daß man hier auf einen der bedeutendsten römischen Funde in der Bundesrepublik stoßen würde.
„In unbezwinglicher Neugierde“ – so der Fundbericht – „was wohl in dem Kessel enthalten sei, schlug man mit der Spitzhacke ein Loch hinein, und als man Bronzegegenstände darin erspähte, holte man eine Blechschere und erweiterte die Öffnung.“ Die großen Bronzen – Gesichtshelme, Beinschienen, Roßstirnen – wurden zum Teil unter empfindlichen Beschädigungen aus dem Kessel geholt. Sie stellen den bis heute bedeutendsten Verwahrfund römischer Paraderüstungsteile im Gebiet des ehemaligen Imperium Romanum dar.

Johannes Prammer, 2000

„einer Gottesburg gleich“

Kirche und Friedhof St. Peter in der Altstadt

Man muß langsamen Fußes durch die Straubinger Altstadt gehen. Hier ist alles still und besinnlich, ist die Stadt noch Dorf, trägt die Gegenwart das Gesicht der Vergangenheit. Zuweilen werfen wir einen raschen Blick über die nahe Donau auf eine weite Landschaft. Graue Flöre verhüllen heute die Sicht auf die Waldberge. Schwermütig still endet die Altstadt. Schon tauchen ernst und groß die Türme des grauen romanischen Münsters von St. Peter auf, das, einer Gottesburg gleich, auf einem sanften Hügel steht, samt seinen Kapellen und alten Grabstätten umschirmt von einer festen Mauer.

Max Peinkofer, 1947

In der Altstadt Straubing vor allen die alte Peterskirche, inmitten eines an Grabdenkmalen aller Art überfüllten Kirchhofes stehend, immer noch trotz aller Renovirung ein beachtenswerther Bau.

W. von Rally, 1840

... von weitem schon sieht man die beiden Türme der auf einem Hügel liegenden Sankt-Peters-Kirche. Der Hügel ist zu einer kleinen Festung aufgemauert; solche Kirchhofsbefestigungen, wo die Bewohner sich in äußerster Not verteidigen konnten, waren im Mittelalter nicht selten. Jetzt scheiden die Mauern die Burg des Todes von dem Getümmel der Lebendigen draußen. Eine grüne Wildnis schlägt über dem Eintretenden zusammen, schmiedeeiserne Kreuze und halbversunkene Grabgestalten tauchen daraus hervor. Die Kirche ist romanisch und hat zwei Portale mit reichgeflochtenen Bogen und bedeutungsvollen Bildern im Tympanon, das eine stellt einen Ritter dar, der mit einem Löwen kämpft, das andere zwei seltsame miteinander kämpfende Bestien, fremdartige, runenhafte Zeichen.

Ricarda Huch, 1927

Von der romanischen Ausstattung der Kirche blieb das überlebensgroße Kruzifix des Hochaltars erhalten ... Das Kruzifix stellt noch nicht … das qualvolle Leiden des Erlösers vor Augen, sondern zeigt Christus als König, das edle, verklärte Antlitz sanft geneigt, die Arme wie segnend waagrecht ausgebreitet. Es hebt die Vorstellung ins Transzendente, die sich das Volk dieser Zeit vom irdischen Herrscher machte, namentlich von Kaiser Friedrich Barbarossa, in dem es die Verkörperung der ritterlichen Ideale und den Schirmherrn der Christenheit sah.

Max Kirnberger, 1968

Gegen Osten weiterschreitend gelangen wir zur Pfarrkirche St. Peter. Diese stattliche romanische Pfeilerbasilika mit 3 Schiffen, 3 Apsiden, 2 Thürmen und 2 merkwürdigen Portalen gehört dem 12. Jahrhundert an ... Gegen Süden die Azelburg, einst bischöflich Regensburgisches Schloss, nun Elisabethinerinnen-Kloster mit Kirche und weiblichem Krankenhaus (vollendet 1798).

Adolf Ebner, 1888

Es wäre müßig, über dies Paradiesgärtlein etwas zu sagen, denn wer es nicht gesehen, wird daran kaum glauben mögen. Und wer es gesehen, der weiß, daß man den Petersfriedhof, Straubings Schatzbehalter, nicht mit Worten ausschreiben kann.

Hans Karlinger, 1920

Leise sinkt das Laub von Büschen und Bäumen, indes man, ganz allein in diesem Totenreiche, anfängt, die Fülle von Grabdenkmälern zu betrachten. In wahllosem Durcheinander stehen sie, die Zeugen von sechs Jahrhunderten, unter Bäumen, in Hügelreihen, an Friedhofsmauern, an Wänden der Kirche und der drei Kapellen. Kunstreiche schmiedeeiserne Kreuze des 18. und 19. Jahrhunderts zeigen alle Formen einer ausgestorbenen Handwerkskunst. Freilich, der Rost frißt an ihnen, die Inschrift hinter manchem Türchen ist längst unleserlich geworden, Farbe und Gold sind verblaßt. Aber noch springt auf dem Grabkreuz des Posthalters Pammer von 1835 das stramme Rößlein, auf dem der posthornblasende Tod reitet.

Max Peinkofer, 1947

Auf dem Gottesacker ist die Begraebniß für die ganze Stadt, und Altstadt. Er ist gewis einer der schoensten und herrlichsten im Lande, auf einer angenehmen offenen Hoehe, naechst der Donau, mit ungemeiner hohen Mauer umgeben; alle Gaenge darauf sind mit alt marmornen Grabsteinen gepflastert, und belegt, – an den auesseren Seitenwaenden der Kirchen und allda befindlichen Kapellen sind allenthalben Grabmaehler, die uns Kunst und Alterthum ehrwuerdig machen.

Franz S. Meidinger, 1787

Die Neustadt Straubing, eine jener vielen uns schon bekannten, zielbewußten Gründungen Herzog Ludwigs des Kelheimers, hat die Altstadt aus ihren Toren und Mauern ausgesperrt.
Die Altstadt sank zwar in die bescheidene Rolle eines beschaulich dahindämmernden Dorfes zurück, behielt aber doch eine geheime Macht. Sie ist die Totenstadt Straubings. Und diese Totenstadt übt diese Macht nicht nur in der Notwendigkeit des unabänderlichen Schicksals aus, sondern auch in der Magie der Anziehung: Der Friedhof von Sankt Peter in der Altstadt ist der schönsten, der stimmungsvollsten und der romantischsten einer.
Im Anblick dieses ehrwürdigen Durcheinanders der im Verfall noch anziehenden Totenmale, der vom Grün überwucherten Gräberplatten mit ihren verblassenden Inschriften, der verblichenen Kreuze und bröckelnden Monumente vermag der Tod seinen Stachel zu verlieren und vielleicht zu jenem guten Freund zu werden, wie ihn die Romantik gesehen hat. Atmosphäre, Andacht und feierliche Einfalt machen diesen Friedhof zum Gottesacker im altbayerischen Sinne; Erinnerung, Würde und eindringliche Mahnung zu einem geradezu klassischen Camposanto.

Josef H. Biller, 1969

Die Totenkapelle am Südrand des Friedhofs bewahrt ein Kleinod in dem Grabstein der Anna Ulein. Die mädchenhafte Frau, die wie ein hingewehtes Blatt auf ihrem Monument liegt, war die Frau des Jordan Utz oder Ulein, der bei dem hohen Turm auf dem Marktplatz ein Haus hatte.
Die Totenkapelle, die ihren Namen davon hat, daß sie mit einem Totentanz aus dem 18. Jahrhundert ausgemalt ist, hat eine unterirdische Gruft, aus der es schaurig kühl aufhaucht, als käme es aus dem Bodenlosen. Der, den die Bilder an den Wänden langbeinig und schadenfroh darstellen, ist hier gegenwärtig. Draußen brennt das lautlose Feuer des Mittags. Die weißen Urnen, die Marmorfiguren, die spitzen Zypressen sind unter der Lava des Efeus, die darüber hinströmt, gluterstarrt; aber der unsichtbare Schatten, den der Geheimnisvolle wirft, macht frösteln. Dies ist sein Garten, hier mischt er einen Rausch aus Vergangenheit und ewigem Gedenken.

Ricarda Huch, 1927

„eine schöne Stadt, mit einem Schlosse“

Stadttore, Stadtmauer, Herzogsschloss

Das alte Tor ist also 1873 futsch, für immer aus dem Gesichtskreis der Straubinger verschwunden. Jetzt haben wir wieder ein Theresientor. Nur leider nach Süden verschoben. Der Herr Stoffel hätte doch auch so bauen lassen können:
Direkt am ehemaligen Jesuitenkolleg anschließen, mit einem Torbogen das westliche Stadtplatzende überspannend, so daß der Verkehr nur tröpfchenweise in den Stadtplatz hineingeflossen wäre. Aber was wäre das für ein Geschäftshaus geworden! Nein, nein, so wie das Theresientor jetzt da steht, hat es schon den rechten Platz und richtigen Torcharakter, oder?

Hans Vicari, 1991

Im Mittelalter schauten beinahe alle Städte wie Festungen aus. Umgeben von starken Mauern und Gräben, vermochten sie anrückenden Feinden wohl zu trotzen. Das trifft auch für die alte Herzogsstadt Straubing zu. Wer heute mit dem Hubschrauber oder dem Motorsegler über sie hinwegfliegt, glaubt noch immer das Korsett fester Wehrmauern zu sehen, innerhalb deren sich die Häuserfamilie wohl und geborgen fühlte, auch wenn diese inzwischen bis auf ein paar Reste verschwanden. Innerhalb dieses Schutzgürtels aber brauchte man Einlaßpforten, feste Tore, die den Verkehr ermöglichten. Von diesen stehen in Straubing leider nur noch ein einziges, nämlich das Spitaltörl.

Marzell Oberneder, 1978

Von München her führt eine Hauptstrasse zum Steiner-Thor auf der Mittags-Seite der Stadt.

Martin Sieghart, 1835

Heute finden wir anstelle des einstigen Passauer Tores nur eine schmale Häuserlücke, durch die sich täglich Tausende von Autos zwängen, ein Nadelöhr, das die Leute am Volant und die Fußgänger in wahre Angstträume versetzt. Zwei Obelisken halten Wache. Sie weichen keinen Zentimeter zurück, obwohl sie die Not sehen. Aber sie stammen ja aus einem fremden Land, tragen ägyptischen Wüstensand in den Augen und schauen mit stoischer Ruhe in den Hexenkessel.

Marzell Oberneder, 1978

Die Donauseite bewacht ein herzogliches Schloß, es beschwört Zeiten, in denen nicht nur ganz Niederbayern hieher blickte, sondern sogar das ferne Land, das hinter den Deichen der Nordsee kauert. Die Stadt liebt diesen Widerspruch, und sie lebt von ihm, er macht ihre ganze herrliche Fülle aus: Nähe und Ferne, die begrenzenden Hügel des Bayerischen Waldes im Norden, die endlos sich dehnende Ebene des Gäus im Süden, Gegenwart und Geschichte, Bauernmarkt und Residenzstadt, Enge und Weite, Pflug und Zepter.

Josef H. Biller, 1969

Die Herzöge hatten ihre Residenz
in dem finster strengen Schloß an der Donau ...

Hans Pflug, 1942

Obenaus an der Ecke der Stadt, nah bei der Brücke und halb in der Stadt, halb draußen – wie alle Stadtburgen, denn ihren Bürgern trauten mittelalterliche Herrschaften nie recht besonders – das Herzogsschloß, ein umständlich gelagert Bauwesen; im Sinne der Zeit mehr behaglich als schön – wenn wir es heute unbedingt als schön empfinden hinsichtlich der Prächtigkeit seiner Baugruppe, so war diese Anforderung für das Mittelalter schier selbstverständlich.

Hans Karlinger, 1920

Ja, die wittelsbachischen Herzöge hätten Straubing wohl auch nie zu ihrer Residenz erhoben, ohne die Schatzkammer des Gäubodens und die Rückendeckung des schiffetragenden Stromes. So bauten sie ihr Schloß unmittelbar an das Wasser, neben der Brücke, über die vor ihren Augen Handel und Wandel zog. Die Bewohner dieser Stadt mußten weltoffen sein.

Max Rieple, 1969

Zu meiner Kinderzeit und Jugend wohnen viele Familien in der „Schloßkaserne". Da „quurlte" und quirlte es im Hof, Kinder balgten sich und stritten, die Mütter beruhigten sie. In plauschigen Mauerecken spielten wieder andere Kinder. Es war halt ein Leben da. Nie langweilig. Wo viele Menschen aufeinander und sehr eng nebeneinander wohnen, kommt es auch zu Spannungen.
In meiner Klasse und eigentlich in jeder Klasse der Straubinger Schulen saßen viele Buben und Mädchen aus der Schloßkaserne. Sie hielten untereinander fest zusammen. Oft rauften wir in der Pause, nach der Schule oder nachmittags am Hagen oder in der Vogelau. Gewonnen habe ich nie. Meistens war noch mein Bruder dabei. Die von der Schloßkaserne waren immer stärker.

Hans Vicari, 1991

Herzog Ernst liess ertrenken zu Straubing Agnes Pernawerin, ains palbirers tochter, ain wunderschöne frauen, umb das sy seinen sun Albrecht zu der ee genommen hett und das nit bidersprechen wollt, anno 1436 (= 1435) an sand Maximilians tag … Sy ward herlich begraben mit ainem schönen stain ob irem grab als doch ain fürstin.

Veit Arnpeck, 1493

Die alte Brücke, von der das „gar prächtige Geschöpf" – nach Ansicht ihrer geistlichen Henker aber „die rothaarige Hexe" im Donaustrom ersäuft ward, sie steht nicht mehr. Eine neue, für die Schiffahrt bequemere stört recht nachhaltig den Anblick des finsterblickenden Schloßbaues, in dem die schöne Agnes Bernauerin lebte, liebte und litt, vergöttert vom Volk.

Otto Protzen, 1923

Ich fragte Franzl, ob er die Geschichte von der Agnes Bernauer kenne. „Ja wohl", antwortete er mir, „die kennt hier in Straubing ja jedes Kind", und wirklich hatte ich auf meinen Spaziergängen durch die Stadt, wo ich wenigstens mit 20 Leuten in Berührung kam, und auch die Dienste mindestens eben so vieler in Anspruch nehmen mußte, um Alles aufzufinden, was hier mit der Geschichte der berühmten Agnes in Verbindung stand, Gelegenheit genug, zu bemerken, daß Franzl nicht zu viel behauptete.

Denn ich fand fast jeden Menschen mit der Geschichte der Bernauerin wohl vertraut. Wie freute ich mich, daß ich doch wieder einmal eine Geschichte entdeckte, von der ich mit vollem Rechte glauben mußte, daß es eine wahrhaftige Volkstradition sei, und daß sie nicht nur die Dichter und Geschichtschreiber erst dazu gestempelt haben.

Johann G. Kohl, 1854

Straubings drittes besonders bekanntes Werk der spätgotischen Sepulkralplastik ist die Rotmarmorplatte für Agnes Bernauer ... Das ovale Gesicht der Verstorbenen ist von außerordentlicher Ausstrahlungskraft. Die hohe Stirn, die im Tode geschlossenen großen Augen, die ausdrucksvolle Nase verleihen würdevolle Fraulichkeit. Und doch ist Agnes nicht „schön" zu nennen, schon gar nicht im Stil eines verkitschten „Engels"; denn hier liegt nicht eine normale Tote mit leicht nach links geneigtem Haupt auf dem letzten Ruhebett: Hier liegt eine Wasserleiche!

Werner Schäfer, 1989

Agnes Bernauer

Da Herzog Albrecht hods gsehng
und hods meng.
D'Straubinga hams gsehng
und hams meng.

Da Herzog Ernst hods gsehng
und hods net meng.

Drum hodas dadrenga lossn
greislich is s'gstorm
Und jetz is aus dera Gschicht
a Festspui worn.

Werner Jansen, 1983

Die Mauern, hinter denen sich die Straubinger tapfer, aber vergeblich im Dreißigjährigen Kriege gegen die Schweden und im Spanischen und Österreichischen Erbfolgekriege gegen die Österreicher verteidigten, sind niedergelegt, nur das Spitaltor ist von den fünf Stadttoren übriggeblieben. Dadurch geht nun die Stadt allmählich in die Anlagen über, die im Norden zur Donau hinunterführen. Dort stehen Bänke, wo am sommerlichen Feierabend müde Menschen behaglich sich ausruhen und den großen Strom vorüberfließen sehen.

Ricarda Huch, 1927

STEINER THOR

Museum
Rittersaal
Finanzamt

C 180
SR V 384
SR SL 90
SR LJ 2

„Lebensader und Mittelpunkt“

Stadtplatz und Stadtturm

Die zahlreichen kleinen Gäßchen in der Straubinger Altstadt, die Zollergasse, Leihhausgasse, die Burgstatt oder die Burggasse und wie sie sonst noch alle heißen, haben eines miteinander gemeinsam: Bei schönem Wetter verbreiten sie eine fast südländische Atmosphäre. Ob sich die Planer und Architekten des neugestalteten Stadtplatzes davon inspirieren ließen? Denn hier auf diesem rechteckigen Platz, den man in die Reihe der schönsten deutschen Marktplätze eingliedern möchte, sind auch immer wieder mediterrane Einflüsse zu finden. Und das liegt sicherlich nicht nur an den kanarischen Dattelpalmen und den Terracotta-Blumentöpfen.

Süddeutsche Zeitung, 1984

Der Stadtplatz mit ein paar Seitenstraßen – man nennt sie hier sehr bescheiden Gassen – ist auch heute in der Stadt Straubing ... genauso eindeutig Lebensader und Mittelpunkt, wie es der klugen Planung entspricht. Dies hier ist so sehr der Zentralpunkt des Geschäftslebens, daß auch der Straubinger aus einem anderen Stadtteil, nicht bloß der Gäubodenbauer, diesen Kernpunkt hier meint, wenn er sagt, er gehe oder fahre „in die Stadt“.

Josef M. Bauer, 1968

Die Stadt ahmt ein wenig das Beispiel des Landes ringsum nach: auch ihre eigentliche Mitte, der Straubinger Stadtplatz, ist eine Ebene. Die Weite des Gäubodens fließt durch schmale Gassen herein, wie Bäche in einen See rinnen. Sie fließt herein und schafft sich Platz zwischen den Häusern. An den Markttagen brodelt es zwischen den hohen Ufermauern, Bauernwagen schwimmen gleich Kähnen im Strom der Menschen, und der Stadtplatz wird zu einem buntbewegten Hafen. Und auch sonst teilt die Stadt die Vorliebe für Flächen. Man sehe sich einmal die Fronten der Häuser an, den Sinn für Farben, so daß die Fassaden auf einmal wie senkrechte Felder, schmale und breite, grüne, braune, gelbe und blaue, nebeneinanderliegen. Dahinter, im stillen Schatten liegen oft zauberhafte Höfe, ein wenig verwunschen und schon fast so privat und intim, wie die Wohngemächer des Hauses, in die ein Fremder selten kommt.

Alois Fink, 1955

Es ist der ungemein anziehende Gegensatz zwischen in Stein verzauberter Vergangenheit und der Wärme schöpferischer Zeitnähe, die uns hier beglückt, die Paarung zwischen eingekampfertem Mittelalter und dem Lebensstil des zwanzigsten Jahrhunderts.

Marzell Oberneder, 1952

Stadt Straubing ist eine einfache Stadt, hat keinen Winkel und ist durchsichtig gebaut: ein kolossaler Längsplatz ist inmitten; davon laufen Seitengassen hinaus, die in der Platzrichtung von je einer Längsstraße gekreuzt werden; und eine Stadtmauer noch um das Ganze herum – das ist die alte Stadt! Alles ist klar, zum Greifen nah und unkompliziert. Und so ist die ganze Stadt, und so ist auch ihr Wesen: unverstellt, unverwinkelt, natürlich und praktisch.
In der Mitte des Stadtplatzes steht der Stadtturm. Wer weiß einen schöneren Bürgerturm irgendwo? Die Schönheit dieses Turmes ist sein Maß, sein Ausmaß und seine Schlichtheit. Ein mächtiger Quader aus einem gotischen Stadthaus steigend, glatt, unverziert, mit phantastisch großen, erschreckend großen, aber selten schönen und praktischen Zifferblättern, darüber vier spitze Ecktürmchen und ein überragendes Mitteltürmchen – das ist alles. Von diesen fünf Türmchen erzählen die Bürger schmunzelnd von alters her, daß die Straubinger „alle Fünfe gerade sein" ließen. Ja – das ist Straubing: Was ungrad und kompliziert, macht's grad und einfach und lacht dazu!

Hanns Haller, 1954

– die größte Zierde von Straubing, das Wahrzeichen der reisenden Handwerkspurschen.
Die Fünfe grad! –

Franz S. Meidinger, 1782

„Mir san mir und schreibn uns uns" – der Spruch kommt einem unwillkürlich auch in den Sinn bei dem herrischen Anblick, den der Stadtturm bietet. Von robuster Schlankheit, trennt er das Herz der Stadt in zwei Hälften: in den Ludwigsplatz und den Theresienplatz. Seit 600 Jahren wacht er über Straubing.

Franz Freisleder, 1985

Mit der Dreifaltigkeitssäule erstellt sich die Stadt 1709 das barocke Denkmal alter donauländischer Verbundenheit. Auf schlanker korinthischer Säule thronen die bewegt umrissenen Gestalten Christi und Gott Vaters, überragt vom Kreuz und der Taube im Strahlenkranz; in der räumlich ausgreifenden Sockelarchitektur dann die plastische Gruppe der Verkündigung und anbetende Engel: das ist nicht anders wie auf den Stadtplätzen in Linz und Brünn oder auf dem Graben in Wien.

Herbert Schindler, 1956

Dieses ist die andere Haupt-Stadt in Unter Bayern / allda ein Churfürstliche Regierung und Rent-Amt ist / in welchem 16. Clöster / 49. Schlösser / 44. Adeliche Sitz / 210. Hofmarckt und ein grosse Anzahl Landgerichtlicher Dörfer und Güter sich befinden … Sie wird von dem Donau-Strom bewässert / und ist mit schönen steinern Häusern geziert.

Anton W. Ertel, 1687

Wie herrlich wär' es, von jener Stelle, auf welcher jetzt dieser Zahnstocher steht, die ganze Länge der Stadt (842 Schritte), und zugleich auch ihre ganze Breite (410 Schritte) so zu sagen mit einem Blicke übersehen zu können! Die Regelmäßigkeit in der Anlage dieser Stadt ist aber auch das Einzige, was an ihr gefallen kann.

J. A. Schultes, 1819

HOTEL SEETHALER

H&M
VOLKSBANK

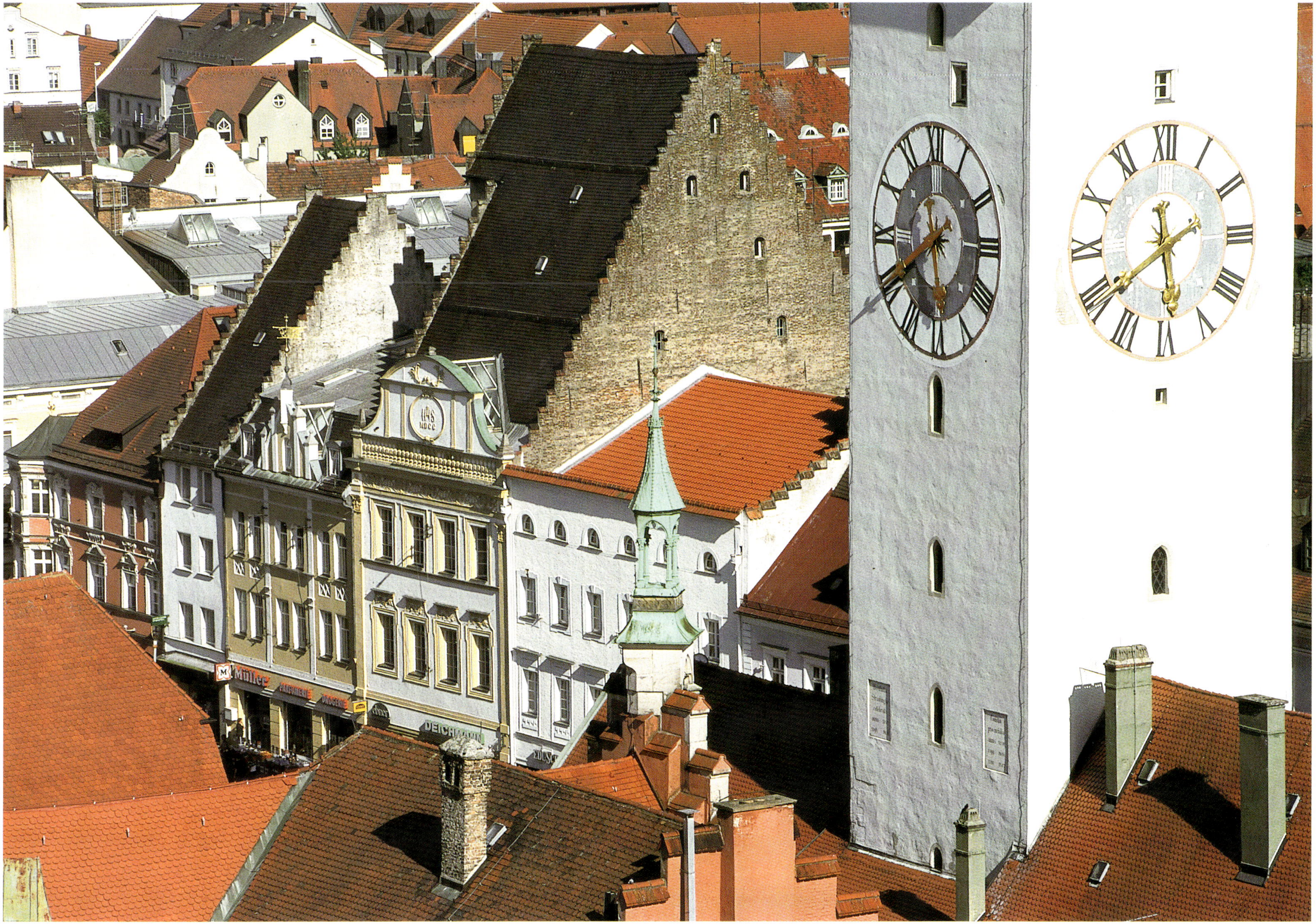
Müller
DEICHMANN

boden

ohrmayer

HAFNER

CABARET
Club 21
Lido
Cabaret
Night-Club

„der wogende Umladehafen“

Marktleben und Einkaufsbummel

Und nun herum um die Ecke, der weite Stadtplatz liegt vor dir und die Gartenstadt Straubing grüßt dich am frühen Morgen. Was leuchtet es so buntfarbig aus den Körben und von den Wagen. „Radi, sag i enk, wia de kloan Kinderköpf!“ „Kinderköpf? Daß i net lach; koa Advokat hat an größern. Und gelbe Ruaberl, so zart, und an Wirsching und Krauthäupln und an Blumenkohl, mei Liaba, mit Röserl wias schönste Brautbukett und Bleamerl und was d'halt willst.“

Eugen Hubrich, 1930

... uraltbayerisches Sauerkrautbewußtsein belebt den matten städtischen Pulsschlag ... und aus den Wirtshaustoren dringt Weißwurstduft und Schweinswürsthauch ... Straubing, du bist immer noch die alte liebe Kraftbayernstadt.
Hafenstadt willst du werden? Viel Glück!
Du wärest wirklich dazu berufen; für mich ist aber jetzt und alleweil dein Stadtplatz der wogende Umladehafen, in den die fruchtbaren Ströme des breiten Landes münden.

Eugen Hubrich, 1930

Auf der Straße schiebt sich wie überall im ruhelosen Deutschland die Masse Mensch, ameisenhaft zahlreich, wenn die Märkte ihre Waren feilhalten. Es ist wie in irgendeiner italienischen Stadt, ein Bummeln, Hasten, Flirten, aber ohne den aufdringlichen Lärm des Corsobetriebs. Sorglose Jugend im siebenten Himmel, und die Geschäftstüchtigkeit auf voller Tour. Das Lächeln des Ruheständlers und der Schrei nach Eiscreme. Knospende Mädchenanmut und der Umgangston der Fußballer.

Marzell Oberneder, 1952

Straubing. Hat gegen 7 Krämmer, die für die Menge Leute, und hoffärtiges Bauernvolk kaum Waare genug verschreiben können.

Franz S. Meidinger, 1782

Damals ist die Stadt geworden. Eine Normalstadt gotischen Stils im späten Mittelalter. Ein Viereck, rechtwinklig in Gassen und Blöcke geteilt, die Mittelstraße altbayrisch breiträumig und langsam fließend: Markt, Viehstand und Versammlungsplatz. Mitten drin das Rathaus mit dem Straubinger Wahrzeichen, dem fünfspitzigen Stadtturm, der so keck und derb in den Himmel hineinschaut wie seine Umwohner.

Hans Karlinger, 1920

Der spanische Erbfolgekrieg und wie die Kämpfe sonst noch alle benamst werden, die Aufstände der bayrischen Bauern, der österreichische Erbfolgekrieg und die Kriege nach der großen französischen Revolution spielten der gewerbsamen Stadt an der Donau wieder hart mit, manche Kriegssteuer mußte bezahlt werden, aber immer wieder regten sich Bürgersinn und Gewerbefleiß, um aus der Not der Zeit herauszukommen. Bei der vorteilhaften Lage an dem mächtigen Donaustrome inmitten eines fruchtbaren Gebietes mit reichem Hinterlande braucht uns das nicht wunder zu nehmen.

Florian Asanger, 1919

Ich fuhr deshalb nach Straubing. Nach Straubing wollte ich schon längst einmal. Kein Mensch fährt nach Straubing, um nur dort zu sein, ich wenigstens kenne niemand. Ich halte das für einen Nachteil für diese Leute, für Straubing ist es ein Vorteil, wenn auch kein wirtschaftlicher. Ich liebe Städte, die nicht an der Hauptstrecke liegen, die Städte selbst lieben so etwas nicht. Ich fuhr also nach Straubing. Ich wurde der Entdecker Straubings, sein Kolumbus, hoffe aber, daß daraus kein Amerika wird. Nein, Straubing ist nicht Amerika, sondern ein Städtchen, wie aus dem Ei gepellt, aus dem niederbayerischen Frischei. Also ein verschlafenes Nest? Um Gotteswillen, nein! Diese Stadt ist höchst lebendig, es wuselt nur so auf seiner breiten Marktstraße, es wuselt von Bauern und Wagen und namentlich von Bürgerinnen, die ihre Einkaufstaschen auf dem Markt füllen, auf diesem Markt, der der Grünsten einer ist, die ich je gesehen, grün von Salaten, von Gemüsen, von Spinaten, von Kräuteln in diesen Ostertagen.

Walter Foitzick, 1975

Wie ein großer Taubenschlag steht dieser Stadtturm über den sich duckenden Häusern. Er mißt den Bürgern die Zeit zu, und sein Schatten gleitet im Laufe des Tages lautlos wie der des Zeigers einer riesigen Sonnenuhr über das Zifferblatt der Stadt. Er streift dabei die sich an seine Quadermauern anschmiegende alte „Ratstrinkstube" und auch das seitlich gerückte Rathaus, das trotz des hochgereckten Türmchens dem Riesen kaum bis ans Knie reicht. Zärtlich tastet der Turmschatten über das Stuckgerank an ehrwürdigen Giebeln.

Max Rieple, 1969

Unter Liebenden ein letzter Kuß,
Erinnerung bis zum Ladenschluß.

Bummeln auf Plätzen und Straßen,
für Momente die kleinen Sorgen fallen lassen.

... ein Teil zu sein in der alten Straubinger Stadt,
die heut' Unvergleichliches an sich hat.

Andreas Setz, 1995

BÜCHER
STÖCKER

TAXI

Die Burgerschafft hat durch Brandt widerholltermahl Gott heimbgesucht / sonderbahr Anno 1393. an S. Viti Abend nach der Vesper Zeit / da schier die halbe Statt durch das bey einem Küstler außgekommene Feur verzehret worden / von welcher Zeit an der Tag gemeldten heiligen Martyrers / (deme auch zu Ehren ein eygnes Gottshauß erbauet worden) in dem gantzen Burgfrid feyrlich begangen wird.

Michael Wening, 1726

„Gottes eigene Stadt"

Sakrale Kunst und religiöses Leben

Ich weiß nicht, ob Er diesen Seinen Ordens-Eifer erst in dem Closter erwecket, oder schon in seinem frommen Geburts-Orth Straubing übernommen habe. Straubing eine Churfürstliche Haupt und Regierungs-Stadt ist jene glückseelige Rebecca, so ihre Kinder schon frühzeitig so zu begleiten weiß, daß sie zum himmlischen Seegen geschickt werden. Straubing diese Vorschrift der Tugend, und Säugamm frommer Christen, dieser Wundersaal der Justitz, und Schaubühne Christlicher Andacht kan gleich der Sonne keine Finsternuß gebähren, sondern ist eine Mutter, wie die Perl-Mutter, so zeitlich aus ihrer Schooß nur an Cronen, an höchste Orth und Ehren ihre Ingeweid dargibet, nachmalen gleich einer frommen Machabäerin ihre Kinder nur alle dem Himmel zuschicket … Straubing ein lauterer Tugend Palais nicht nur wegen denen herrlichen Kirchen, worin der größte Pracht die offenbare Andacht ihrer Bürgern, sondern auch wegen so vielen Marianischen Gnaden-Bildern, super maria fundavit Eam, welche sowohl in der Stadt, hauptsächlich in der Haupt-Collegiat-Pfarr- und Stift-Kirchen, als auch bey denen Hoch-Ehrwürdigen PP. Carmelitern, sondern auch an nächst benachbarten Orthen: Bogen-Berg, Sossau, Haindling mit hellen Gnaden-Wundern allen Bedürftigen leuchten, und die Stadt selbsten zu einer allgemeinen Zufluchts-Stadt machet.

Petrus Gerl, 1758

Da steht ein Kirchlein vor den Toren der Stadt, draußen im Park … Man könnte dieses Kirchlein mit seiner schönen Kuppel eigentlich für eine Moschee halten, der nur das Minarett fehlt. Gebaut hat es der Hofmaurermeister Johann Sohrer nach den Plänen des berühmten Architekten Dienzenhofer im Jahre 1705.
... Hier in Frauenbrünnl geht es, wie beim Asamjuwel der Ursulinen auch, um eine echte barocke Lebensfreude, um das Spiel der Linien und Farben. Das zeigt sich ja schon von außen in dem eleganten Sonntagskleidchen mit den zartroten Lisenenstreifen, das jeden Spaziergänger überrascht, der vom Tierpark her kommt. Ganz reizend schmiegt sich an das heilige Gemäuer das Mesnerhäusl, und ein winziges Gärtlein mit tausend Blüten ist auch noch dabei, dazu eine uralte Holzbank, auf der man die müden Füße ausrasten lassen kann. An der Quelle selber findet man noch immer die ursprüngliche Nische.

Marzell Oberneder, 1978

In den alten Aufzeichnungen liest man, daß das Bürgerspital früher sehr reich war und viele Äcker und Wiesen besaß. Nach dem Beispiel des Herzogs stifteten zahlreiche Bürger Geld oder „eine reiche Schüssel“: die alten Leute erhielten dann an den Festtagen Braten, Wein und Semmeln. In den Hungerjahren des letzten Krieges haben die Straubinger Mädchen in den Dörfern Mehl, Eier und Zucker gebettelt und Plätzerl für die Spitalleute gebacken. Ich weiß nicht, ob das auch im Spitalbuch steht, der liebe Gott aber wird es schon ins Himmelsbuch eingeschrieben haben.

Oskar Döring, 1956

Erst unlängst errichtete und weihte man auch auf dem Kalvarienberg bey der Pfarrkirche eine im Halbrund gebaute, vorn auf vier Säulen gestützte Nische, deren Kuppel Eisenblech deckt, und durch deren einzelnes Fenster im Rücken die Abend-Sonne strahlt. Ein großes Kreuzigungs-Bild sammt Nebenfiguren von Bildhauerarbeit bietet sie auf ihrem gepflasterten Antritt der Verehrung des Volks.

Martin Sieghart, 1835

Von dem ehemaligen Jesuitercollegium und Kirche ist nicht viel zu sagen, indem es eine weltbekannte Sache ist, daß die Collegien dieser Herren Paters insgemein herrlich erbauet sind, und prächtig in die Augen fallen.

Johann H. Dielhelm, 1785

Mit Geistlichen ist der obschon ganz profane Ort hinreichend gesegnet. Neben einem Kollegiatstift für unadeliche oder halbadeliche Kanonikos sind 3 Mönchs- und 2 Nonnenklöster da.

Johann Pezzl, 1784

Wenn dann die Glocken laut zu läuten begannen und sich die unendlich lange Prozessionsschlange von der Jesuitenkirche herab über den Theresienplatz wälzte, wenn die Gebete, die die tiefen Männerstimmen rhythmisch sprachen, dumpf und voll dröhnten, dann war ich sicher, daß das die Muttergottes hoch oben im Himmel hörte. Sie ist die Patronin der Steckermanner. Sie hatte immer eine große Gefolgschaft, die Gottesmutter, damals und auch heute noch. Über siebentausend Mitglieder hat die Marianische Männerkongregation. Sie kommen bis aus dem Bayerischen Wald, aus dem ganzen Gäu und aus der Gegend um Sallach, Geiselhöring und Mallersdorf.

Adele Spanner, 1997

Bei den Karmelitern in Straubing

O wie ist das Leben bitter,
wenn man lebt als Karmeliter,
was der Karmelitergeist,
der sehr bitter ist, beweist!

Robert B. Erbertseder, 1984

Der Stadt prägten ihren eigentlichen Charakter die sog. „Steckenmanner“ auf; das waren Austragsbauern, die in verhältnismäßig jungen Jahren ihren Hof gegen einen recht stattlichen Austrag ihren Söhnen übergeben und sich in die Residenz Straubing zurückgezogen hatten, wo sie nach Kräften faulenzten, aßen, tranken und zur Kirche gingen. Den Namen „Steckenmanner“ hatten sie erhalten, weil sie bei den zahlreichen öffentlichen Prozessionen, mit mächtigen Stecken ausgerüstet, mitmarschierten.

Ludwig Ebermayer, 1930

Auf die sehr selbstbewußte Art der Straubinger ist auch dies die Frömmigkeit, was verbürgt ist über den Jordanus Utz, genannt Ulein. Dessen Haus an der Ecke Steinergasse-Theresienplatz hat heute noch eine Seite aus den Buckelquadern des ersten Hauses, das hier stand und 1393 beim großen Stadtbrand hoffnungslos gefährdet war.
Als die Häuser ringsum schon alle brannten, stellte Ulein vor das Fenster eine Statue des heiligen Petrus und ermahnte den Heiligen: „Peterl, sorg, daß mein Haus nicht verbrennt, sonst verbrennst du mit!“
Dieses einzige Haus blieb vom Feuer verschont.
So hoch galt immer schon, was ein Straubinger bei Gott dem Herrn vorbrachte, denn es war und ist so, als wäre es Gottes eigene Stadt.

Josef M. Bauer, 1968

... etwas abseits die vom Meister Hans dem Steinmetzen aus Burghausen aufgeführte Jakobskirche. Wenn die Kirche uns wie ein himmlisches Haus umfangen soll, wo irdische Gesetze nicht gelten, so hat diese gotische Halle ihre Bestimmung erfüllt. Die lilienhafte Schlankheit der Säulen entfernt jedes Gefühl von Gewicht und macht das Gewölbe zu einem leichten Baldachin, ein Eindruck, der gewiß noch überzeugender wäre, wenn nicht am Ende des 18. Jahrhunderts die Decke eingestürzt wäre und durch eine neue hätte ersetzt werden müssen. Das Licht fällt durch farbige Glasfenster, die zum Teil alt und außerordentlich schön sind.

Ricarda Huch, 1927

St. Jakobs Haupt- und Mutter Pfarr Gottes Haus bleibt die Zierde der Stadt.

Straubinger Wochenblatt, 1820

In der Brüstung des Chores unserer Kirche (St. Anna) verbirgt sich in einem lateinischen Spruch das Datum des Kirchenbaues, das Jahr 1789:
„CharItas DeI aC proXIMI In hIs bInIs VnIVersa LeX“
„Liebe zu Gott und zum Nächsten – in diesen beiden liegt das allumfassende Gesetz“
Dieser Satz hat unsere Schwestern über zwei Jahrhunderte in ihrem Leben, Beten, Arbeiten und Kämpfen begleitet. Dieser Satz soll uns auch Zukunft verheißen.

Sr. M. Lucia Obieglo, 1998

Mit der benachbarten Ursulinenkirche beschenkte Cosmas Damian Asam das Kloster, die Stadt, ja uns alle, wollte er doch, daß seine hier als Nonne lebende Tochter Johanna Nepomucena beim Gottesdienst immer ein Stück Himmel um sich habe.

Max Rieple, 1969

Hier, wo das Letzte im Menschen sich ausgibt in einem restlosen Hinschmelzen, Aufrauschen, Branden und Wogen. Wolken wirbeln, Engel jonglieren herum, Weinlaub ringelt sich um Säulen, Kapitelle werden lebendig, Glöckchen läuten, Tabernakel strahlen, schwanke Baldachine wölben sich frei aus dem Altar hervor, Gewänder bauschen sich, Heilige breiten verzückt die Arme: was für ein Leben! Ein Leben letzter subjektiver Entbundenheit, und ein Leben, in dem alles Lebendige aufzuckt. Wie fern ist die Zeit, in der ein Laub nichts war als ein Ornament. Hier ist es getrieben von allen Säften der Natur.

Alois Wurm, 1924

Kalvarienberg Kapelle

VIRGO
SINE

„die Hülle des Denkmals“

Ehren- und Denkmäler

Wenn Straubing seit dem Jahre 1963 über eines der schönsten Ehrenmäler für die Kriegsopfer verfügt, dann hat es dies der fortschrittlichen, aufgeweckten künstlerischen Haltung seiner Bürger zu verdanken. Der als Ehrenmal gestaltete ehem. Pulverturm mit der Reidel'schen Plastik „Opfer und Leidtragende“ bildet zusammen mit den Bronzetafeln und deren Reliefs einen einmaligen Zusammenklang zwischen dem geradezu archaisch wirkenden massigen Rundturm und der wohl aus apokalyptischen Empfinden heraus bewußt amorph gestalteten Plastikgruppe.

Albert Diller, 1968

In der Reichspogromnacht zum 10. November 1938 wurden jüdische Geschäfte beschädigt, Juden gequält und ins KZ Dachau verschleppt. Die nationalsozialistischen Gewaltmaßnahmen konzentrierten sich auf die Synagoge. Steinquader der Umzäunung wurden umgeworfen, Türen und Fenster eingeschlagen, Einrichtungs- und Kultgegenstände zertrümmert und entwendet. 1942 hielten sich noch 30 Juden in Straubing auf, die dann fast alle nach Osten deportiert und in Konzentrationslagern umgebracht wurden. Überlebende gründeten 1946 eine neue israelitische Gemeinde, der sich mehrere hundert Juden vorübergehend anschlossen.

Guido Scharrer, 1996

Die Passauerstrasse führt uns zurück zum unteren Thor am Ende des unteren Stadtplatzes, vor welchem das Germaniadenkmal an die im Kriege von 1870/71 gefallenen Söhne Straubings erinnert, enthüllt am 27. August 1876.

Heinrich Ortner, 1902

Straubing, 9. Okt. Der heutige Vormittag versammelte eine ungeheuere Menge der hiesigen Einwohnerschaft vor dem oberen Thore. Die städtischen Kollegien, das Offizierskorps der Garnison, die Beamten der k. Stellen, sowie die Geistlichkeit hatten sich eingefunden, um der Enthüllung des Denkmals, welches Straubing zur Erinnerung an die ruhmreiche Vertheidigung der Stadt gegen die Oesterreicher im Jahre 1742 errichten ließ, beizuwohnen. Hr. Reallehrer Dr. Horchler hielt eine schwungvolle Festrede, die wir morgen bringen werden, und während des vom Herrn Redner ausgebrachten, begeistert aufgenommenen Hoch auf Se. K. Hoheit den Prinzregenten fiel unter dem Donner der Geschütze die Hülle des Denkmals. Dasselbe, vom Bildhauer Hrn. Th. Haf in München ausgeführt, stellt einen sterbenden Krieger dar, den der Genius des Friedens hinweist auf jene Höhen, in denen es keinen Streit mehr gibt.

Straubinger Tagblatt, 1892

Auch einem andern berühmten Straubinger hat man etwas auf sein Geburtshaus geschrieben, nämlich dem Manne, der, wie mein Begleiter Franzl sich ausdrückte, „zuerst die Augengläser erfunden hat", jenem jungen Menschen nämlich, den unser Dichter Eduard v. Schenk besang, jenen „Spiegelschleifers-Sohn", den König Max von Bayern im Jahre 1800 aus den Trümmern eines über ihm zusammengestürzten Hauses errettete, und den dieser gute König dann zum Schmuck und Frommen der Wissenschaften bilden und erziehen ließ, mit einem Worte dem Joseph Fraunhofer, der diese hübsche Donaustadt den Sternkundigen so merkwürdig macht, wie sie es den Romantikern durch die Agnes Bernauerin und den Historikern der Neuen Welt durch den Ulrich Schmiedl ist.

Johann G. Kohl, 1854

„Approximavit sidera" – „Er brachte die Sterne näher."
Poetischer und prägnanter kann die Leistung des Optikers Joseph Fraunhofer, des wohl größten Sohnes der Stadt Straubing, nicht gewürdigt werden als mit dieser Inschrift auf seiner Grabstätte im Südlichen Friedhof Münchens und auf dem Fraunhofer-Denkmal zu Straubing.

Dorit-Maria Krenn, 1999

Die Gestalt des Bruder Straubinger erblickte zwischen 1817 und 1820 im Kopf eines Landshuter Universitätsstudenten das Licht der Welt. Schwarz auf weiß kann ihre immer nur literarische Existenz erstmals 1826 in dem Buch „Gedichte, Aufsätze und Lieder im Geiste Marc. Sturms", genauer: in der ersten Zeile der ersten Strophe des darin enthaltenen Gedichts „Der Bruder Brandenburger" nachgewiesen werden. Autor des Buches wie des Gedichts ist der spätere Kötztinger Amtsphysikus und Vohenstraußer Bezirksarzt Carl Theodor Müller (1796 - 1873). Er läßt einen Handwerksburschen, den Bruder Brandenburger, zwei Kollegen – zuerst dem „Broder (!) Straubinger", ab der zehnten Strophe dem „Bruder Straßburger" – erzählen, wie übel ihm die Landshuter Studenten mitspielten.

Helmut Wagner, 1989

„Bruder Straubinger" gibt's heut'
Gleichviel wie in alter Zeit,
Doch du wirst sie selten seh'n
In den Pappelbaumallee'n.
Jeder junge Handwerksmann
Reist jetzt mit der Eisenbahn,
Und damit ist auch zu Ende
„Bruder Straubingers" Legende.

Josef Fumian, 1910

על דאבדין - לא
an die Mitglieder der Gemeinde
1933 – 1945 der Verfolgung
Ansbacher, Frieda Ansbacher, Else
Jenny Baumblatt, Lore
Brasch, Karl Epstein, Paula
Firnbacher, Berta
Doris Friedmann, Martha
Lippmann, Emil Löwenthal, Sofie
Edith Loewy, Herbert Loewy, Ella

Zur Erinnerung
an den
HELDENMUTH

ERRICHTET U PRINZREGENT
LUITPOLD V BAYERN MCMIX

„eine äußerst rege, gesunde, stetig aufwärtsstrebende Mittelstadt“

Die Mädchen von Straubing, und um Straubingen sind fast durchgehends sehr schön. Sie haben etwas weniger Fett, als die Passauerinnen, und etwas mehr Geist als die oben.

Johann Pezzl, 1784

Es hat den Topographen älterer wie neuerer Zeit gefallen, die ganz unbegründete Ansicht aufzustellen, daß in Straubing das materielle Leben das geistige bedeutend überrage, so daß diese Stadt, Anstalten zur Befriedigung des Sinnengenusses abgerechnet, durchaus nichts enthielte, was den Reisenden nur auf wenig Stunden in ihren Mauern festhalten könnte … Es ist die Pflicht, diese altehrwürdige Stadt gegen solchen Unglimpf in Schutz zu nehmen, und ich behaupte kühn, der Fremde werde an malerischen und alterthümlichen Partien, an volksthümlichen Eigenheiten und selbst in naturhistorischer Beziehung reiche Ausbeute in Straubing und in der Umgebung finden. Eben so wenig wird er das freundliche Entgegenkommen gebildeter Einwohner vermissen …

W. von Rally, 1840

Auch der Ausdruck ihrer Physiognomie hatte durchaus nichts Mißfälliges. Es drückte sich keineswegs diese „Stupidität, Intelligenz-Verfinsterung und abergläubische Unwissenheit“ darauf aus, welche man allgemein dem niederbayrischen Landvolke Schuld zu geben pflegt. Ja, von den Weibern und Mädchen durch ganz Niederbayern bis Passau hinab wage ich geradezu zu behaupten, daß sie etwas äußerst Intelligentes und Lebhaftes in ihrem ganzen Wesen haben, daß sie gesprächig, naiv und nicht selten witzig scheinen ... Und dennoch steht es bei allen competenten Richtern fest, daß in dem ganzen Striche von Regensburg bis Passau die Intelligenz ganz außerordentlich im Argen liege, daß hier ein wahrer Sitz von Finsterniß, Aberglaube, Unmoralität und Stupidität zu suchen sei.

Johann G. Kohl, 1854

Die Bildungseinrichtungen einer Stadt sind die Keimzellen des Kulturlebens. Für sie günstige Voraussetzungen zu schaffen, ist unerläßliche Aufgabe einer jeden gemeindlichen Kulturpolitik, und Straubing hat diese Aufgabe von jeher sehr ernst genommen und es erreicht, daß es zu einem wichtigen niederbayerischen Schulzentrum geworden ist.

Albert Diller, 1968

Biegen wir nach Norden um, so sehen wir am ehemaligen unteren Tor den Neubau der Realschule, der erst 1912/13 aufgeführt worden ist und sich an jener Stelle erhebt, wo einst das Spital zum Hl. Geist stand. Hier war auch der erste Friedhof der Stadt und dort ruhten die vielen, vielen Opfer, die die Pest i. J. 1633 hinweggerafft hat.

Hanns Rohrmayr, 1942

Das wirtschaftliche Leben von Straubing gedeiht, wie eingangs angedeutet, infolge der wohlhabenden Bevölkerung der Umgebung und des hauptsächlich dadurch unterhaltenen Handels und Wandels der Stadt. Bei der Ergiebigkeit des Bodens um die Stadt her erklärt es sich, daß nicht nur in lohnender Weise Gemüsegärtnerei getrieben wird, mit großem, regelmäßigem Versandt nach Nürnberg, München, auch nach Passau, sondern die Landwirtschaft überhaupt ... ist Erwerbszweig einer größeren Anzahl von Bürgern. Doch ist natürlich die Industrie ungleich bedeutender. Die mergeligen Thonlagen der Umgebung führten zu einer hervorragenden Thonwarenproduktion in 2 großen und zwei kleineren Betrieben; die Wasserkräfte versorgen 2 Kunstmühlen und 1 Sägemühle, außer welcher 2 Dampfsägen arbeiten. Sodann gibt es 11 Brauereien, 1 Maschinenfabrik ...

Wilhelm Götz, 1895

Die erste urkundlich fassbare Braustätte in der Stadt ist die des 1368 gegründeten Karmelitenklosters ... Daneben gab es eine weitere Braustätte, das Brauhaus „In der Höll“ am Steinertor (später Röhrlbrauerei mit Hotel), das in geistlicher Hand war. Dieses Brauhaus war zwischen 1408 und 1461 vom Kloster Metten in dessen eigenem Anwesen am Steinertor gegenüber der Veitskirche errichtet worden. Bemerkenswerterweise existieren diese beiden zuerst erwähnten Brauereien heute noch. Die Karmelitenbrauerei ist die heutige Brauerei Karl Sturm, das Brauhaus „in der Höll“ lebt in der Brauerei Röhrl fort.

Alfons Huber, 2000

Schon über 150 Jahre werden in Straubing hörgeschädigte Kinder betreut, in Schule und Heim ... Der Gehörlose ist kein „Stummerl“, seine Sprache ist nicht sprachlos. Freilich spricht er nicht so flüssig wie wir Hörenden. Mancher von uns erschrickt, wenn er das erste Mal mit einem tauben Menschen in sprachliche Kommunikation tritt. Der Gehörlose ist in seinem Sprechen und in seiner sprachlichen Ausdrucksmöglichkeit behindert. Die Sprache des Herzens und die Sprache der Seele sind aber bei Tauben und Hörenden gleich. Sie entspringt der Liebe.

Hans Vicari, 1991

Zeigen sich so die wirtschaftlichen Verhältnisse und die wirtschaftliche Entwicklung Straubings als die einer äußerst regen, gesunden, stetig aufwärtsstrebenden Mittelstadt, die zwar gebunden ist an die Gegebenheiten einer ländlichen Umgebung, die jedoch bereit und auch stark genug ist, sich unabhängig hiervon zu erhalten und aufwärts zu entwickeln, so mag, was wahr ist, sich verbreiten, das Lob Straubings!

Leopold Künstler, 1930

Berichtete damals das „Straubinger Intelligenz Blatt“ über die Veranstaltung, so ist inzwischen das „Straubinger Tagblatt“, Deutschlands einzige Zeitung mit eigener Hauskapelle, für die lokale Berichterstattung zuständig. Es residiert in einem jener reich verzierten Patrizierhäuser am Ludwigsplatz, mit denen die Straubinger früher Macht und Wohlstand zur Schau stellten.

Peter Würth, 1986

Die nächsten Umgebungen Straubings sind nicht ansprechend; der Pflug herrscht hier als einziger und unumschränkter Gebieter, und lässt auf Meilen weit keinen schattengebenden Baum aufkommen.

Adelbert Müller, 1839

Wann sein Großvater die Wagnerei in Straubing gegründet hat, bleibt im Dunkeln. „Das wird wohl 1890 gewesen sein“, vermutet Völkl. „Es war mein Vater, der 1918, gleich wie er aus dem Weltkrieg gekommen ist, die ersten vier Paar Ski gebaut hat und seither sind wir bei den Ski geblieben und haben laufend weitergemacht“. Ein anderer Straubinger … hatte die Ski bestellt. Die übrigen Leute hielten den Wagner Völkl anfangs für verrückt, denn die Sportart „Skifahren“ kannte in Niederbayern noch fast niemand.

Birgit Fürst, 1999

Und mag die schöne / vnd zu aller Zuefuehr vortheilhafftige Entlegenheit auch ein hohes Haupt anreitzen allhier zu wohnen / massen der Haupt-Fluß Thonau hier vorbey fliesset / vnd der sogenannte gegen Böheimb ligende Wald zu denen Lebens-Mittlen / vnd die schöne und fruchtbare Lands-Ebne zur Ergötzlichkeit nicht ein geringes beytragen. Welches vilen ein Verlangen macht / sich allhier wohnlich niderzulassen ...

Michael Wening, 1726

Gebaut hat die Genossenschaft bis zum Herbst 1929 über 130 Wohnungen, größere und kleinere … Die Wohnungen sind alle abgeschlossen, nicht luxuriös ausgestattet, aber mit den notwendigen modernen Einrichtungen (Wasserleitung, elektr. Licht, Gas, Bad usw.) versehen. Ein besonderes Augenmerk wurde darauf gerichtet, daß jede Wohnung möglichst viel Licht und Luft hat, deswegen sind alle Haupträume der Sonnenseite zu gebaut, die Nebenräume der Schattenseite zu. Bei jedem Häuserblock sind große Gartenanlagen oder weite Höfe, daß die Bewohner sich auch im Gartenbau nit der Natur beschäftigen können.

Josef Pongratz, 1930

Dann zogen wir in die Kühle der Grünanlagen weiter. Jeder moderne Abenteuerspielplatz von heute ist ein müder Abklatsch von dem, was uns zur Verfügung stand! Wir hatten den Allachbach. Und der war noch nicht reguliert. Er war einmal seicht, dann wieder tief, mit großen Steinen, an denen sich fette Blutegel festgesogen hatten. Mir grauste ganz schrecklich davor, aber das durfte ich nicht zeigen, denn sonst wäre ich ja von den Buben mit dem Wort „Weiber!“ abqualifiziert worden. Fast bis in den Bach hinein ließ eine große Trauerweide ihre langen Zweige hängen. Das war herrlich! Diese benutzten wir wie ein Tau und schwangen uns in hohem Bogen über den Bach. Tarzan hätte seine Freude mit uns gehabt!

Adele Spanner, 1997

4

hund
WETZLAR

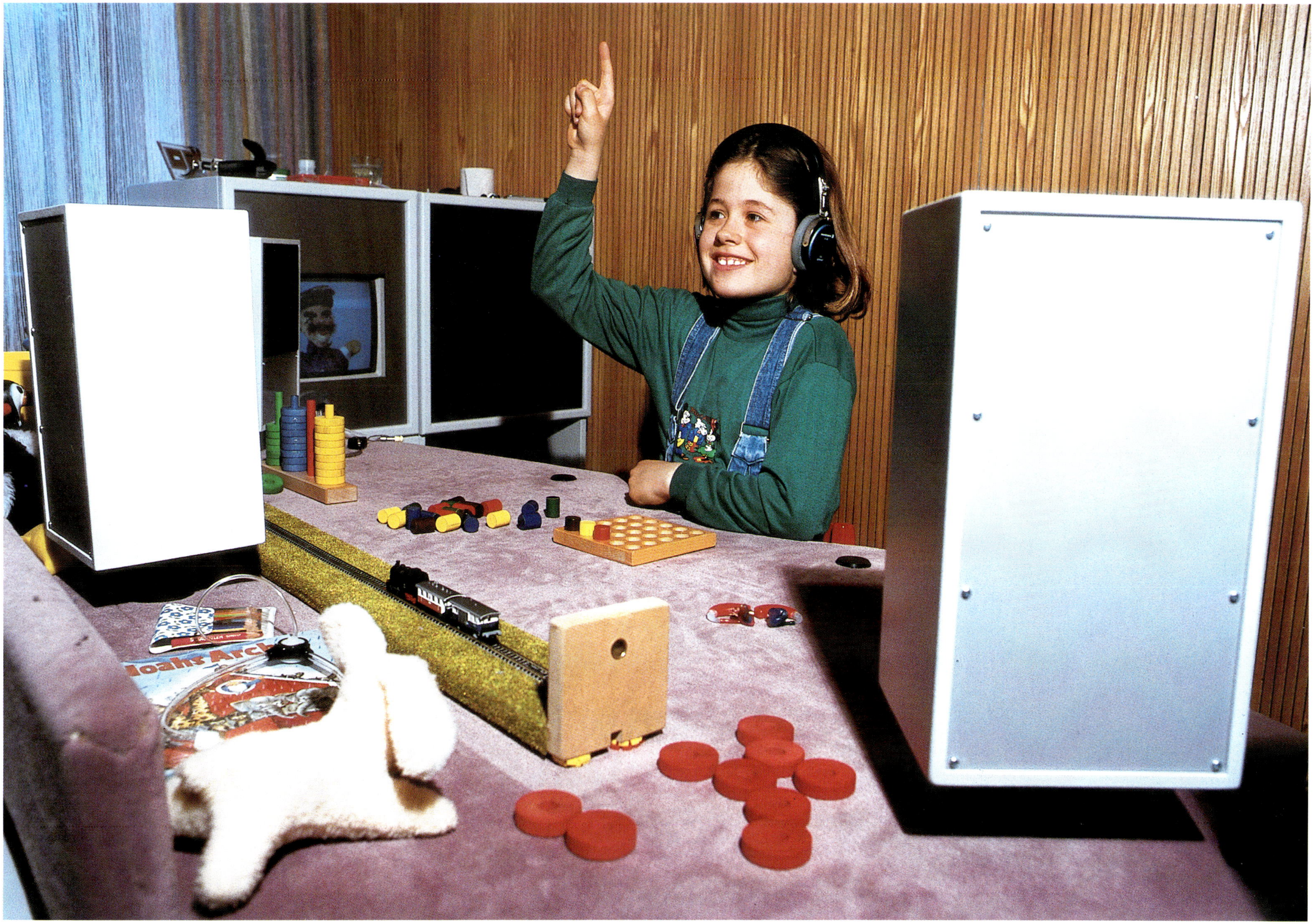

„A Trumm vom Paradies“

Feste, Kultur, Erholung

Regiert wird in Landshut, gebetet in Passau.
In Straubing aber feiern die Niederbayern.
Und geben ihr Geld aus.

Peter Würth, 1986

Je länger wir in den freundlichen Straßen Straubings weilen, um so rascher schwindet der Zauber der Romantik, der uns diese durch die Liebestragödie Albrechts und Agnes' geweihte Stätte zu umdämmern schien, vor der Behäbigkeit und dem Materialismus des Lebens der Straubinger. Dadurch kündet sich Straubing sogleich als echt altbayerische Stadt an. Hier wie in ganz Altbayern entfaltet der Genuß als unumschränkter Herrscher sein lockendes Panier, und freudig gehorcht ihm das Volk und folgt ihm, wohin er es führt. Das magst du, Fremder, an dir selbst am besten erfahren und erproben. Auf jedem Schritt begegnet dir der Genuß, und du wärst ein Tor, wolltest du ihm ausweichen.

Eduard Duller, 1838/40

Straubing, das behaglichste Bierstädtchen Bayerns, dieses gesegnetste aller Länder!

Otto Protzen, 1923

Alle Lebensmittel sind in sehr geringem Preise hier. Die Stadt steht mitten in dem beßten Kornmagazin: Das Vieh hat gute Weide: Die Donau giebt vortreffliche Karpfen, die ins ganze Land verführt werden. Wildprett, Butter und Eyer kommen aus dem benachbarten sogenannten Wald, welches der gebirgigte Theil dieser Regierung ist, und sich amphitheatralisch immer höher bis an die böhmische Gränze hinzieht. Diese Umstände tragen vermuthlich das meiste bey, warum die Straubinger so aufgeräumt und so sehr zu Bonvivanterie geneigt sind. Auch ist das zehnte Haus in der ganzen Stadt allemal ein Wirthshaus, und selten trifft man eines leer an.

Johann Pezzl, 1784

Was's Volksfest z'Straubing is?
A Trumm vom Paradies!

Max Peinkofer, 1927

Gäubodenvolksfest
Freitag auf d'Nacht

Sie hot se scho gwundert
daß er heit beim Kaffeetringa
– 's erschtmoi in dem Johr -
net gfrogt hot
wos's auf d'Nacht im Fernseher gibt.

Bis ihra eigfoin is
Jessas
heit is ja Bierprob.

Werner Jansen, 1993

Und das Nachtleben? Wer als alleinreisender Mann heute Manila als Reiseziel angibt, erntet je nach Gegenüber ein mehr oder minder verständnisvolles Grinsen. Doch gemessen an der Erwartung entpuppt sich der Red-Light Distrikt Ermita, die sündige Meile Manilas, als müder Abklatsch der entsprechenden Pendants in Bangkok, Rio de Janeiro und Straubing, Niederbayern.

Josef Unterholzner, 1995

Wer so viele Jahre hindurch, wie ich, Gelegenheit hat, den Charakter der bürgerlichen Bewohner Straubings zu beobachten, der wird sich bis zum Eckel überzeugen können, daß dieselben ein rohes, unwissendes, der Schwelgerey ergebenes, bigottes, und bis zum Wahnsinn abergläubiges Volk seyen.

Anonymus, 1802

Die Herren in Jägerhüten lotsen die Damen in weiten Lodenmänteln zur Konditorei Krönner. Die Jugendlichen in der gleichen Art von Jeans, Jacken und Stereokopfhörern wie in Romans oder Örebro (Stadt in Mittelschweden. Anm. des Übersetzers) lärmen bescheiden vor MacDonalds, vor pastellfarbigen mittelalterlichen Fassaden.

Ingmar Lindmarker, 1988

Abhilfe kommt aus Straubing, jener Kommune, die wir nicht die Geringste unter Bayerns Städten nennen. Sie zeichnet sich aus durch das alljährliche Gäubodenfest, eine Pferderennbahn und eine bedeutende Strafvollzugsanstalt.

Süddeutsche Zeitung, 1996

Aus den beiden Gedanken: Erproben der Rosse und Aufzeigen der Reitkünste sind auch unsere niederbayerischen und wieder vor allem unsere Straubinger Rennen entstanden. Eingeführt hat sie der landwirtschaftliche Verein ... Sie wurden früher ohne Zweifel auf dem Hagen und auf den Donauwiesen abgehalten. Da waren sie allemal zur Dultzeit. Nun hat Straubing schon seit langem einen „Rennverein", der 1901 auch eine moderne Rennbahn südwestlich der Stadt errichtete.

Oskar Döring, 1924

Die elliptische Form entwickelte sich aus der Überlegung heraus, beim Annähern an die Stadt Straubing von der Westtangente den Blick an der Halle vorbei zur Stadtsilhouette gleiten zu lassen. Das Oval ist in der Stadthalle die Dominante. Der Blick unter einer Hutkrempe heraus ist ein besonderer; die Krempenlinie ist gleichzeitig Teil von mir als Individuum und Teil des Geschauten – sie hat etwas von einer Scheidelinie, die bindefähig bleibt.

Otto Sternecker, 1995

Gäuboden-Museum
ZONE

Sparkasse

Regensburg

D-EPDA

„Stadt am Donauflusse“

Kanal, Fluss, Aue

Straubing

Diese Stadt schirmt Haus an Haus,
schauen freundliche Fenster nach dem Wanderer aus,
ist getürmet und umwehret,
Kirche Gott und Heilige verehret.
Diese Stadt am Donauflusse
tut zur Fastenzeit die Fischesbuße,
schwelgt am Sonntag und am Feiertag,
und die Turmuhr tut um Mitternacht den allergoldstnen Schlag.

Richard Billinger, 1931

Der in vielen Grimmungen auf Umwege
dahinstroemmende beruehmte Donaustrom,
fuehret jaehrlich viele tausend Menschen
dieser edlen Stadt zu, und verschaffet so vielen
Buergern Verdienste.

Sebastian Meidinger, 1787

Kanalbau

Der Rhein-Main-Donau-Kanal
werd baut.
Mia protestiern.

Der Rhein-Main-Donau-Kanal
werd net weidabaut.
Mia protestiern.

Der Rhein-Main-Donau-Kanal
werd doch weidabaut.
Mia protestiern.

Werda jetz baut oda werda net baut?

Mia protestiern.
Auf jedn Foi.

Werner Jansen, 1983

Von weitem sahen wir am linken Ufer Sossau, einen Wallfahrtsort 1/2 Stunde von Straubingen. Hier ist ein Marienbild, das 1534 aus einem Orte, der Luthers Lehre verfiel, von den Engeln weggenommen, auf einem Schiffe nach diesem Orte gebracht, und ans Land gesetzt worden sein soll. Dies wäre schon Wunders genug. Aber, um noch ein Wunder mehr zu haben, so soll die Kirche ohne Grund auf dem Boden, so wie ein Kartenhaus auf einem Tische, da stehen.

Friedrich Nicolai, 1781

Die sogenannte „alte" Donau bildet eine große Insel, die Donauwiese, auf welcher die Häuser der Vorstadt Gstütt gelegen sind. – Diese Insel ist durch eine Steinbrücke mit der Stadt verbunden, die einen landschaftlichen Standpunkt von hoher malerischer Schönheit bietet; im Vorgrunde die Auen der Donau, die Altstadt mit der Peterskirche und die Donauwiese mit ihrem üppigen Grün; weiterhin die Doppelthürme von Ober-Altaich und die kühn aufstrebenden Massen des Bogenberges; zuletzt über schön gerundete Vorhügel emporsteigend die großartigen Umrisse der Berge des bairischen Waldes!

W. von Rally, 1840

Die Stadt liegt an ein Lustigen Ort,
Fruchtbahr an Traydt, und Garttgebey
Allerhand Gattung Gärtlerey,
Fleisch, und Fisch zu guetter Massen,
zimlichs Gewerb vor allen Strassen.
Die Donau trägt ihr zue gar fein,
Aus Oesterreich, und auch vom Rhein,
Vom Neckher, Elsas, und Francken
Im Wein vill Selzam gedanken,
Sye trägt auch zu Holz, Traidt und Salz,
Um Ihr Refier gibts Gutes Schmalz,
Darzue hilfft wohl der Böhmer Wald,
und dient Menschlicher Aufenthalt,
mit Fisch, Vögl und Wildprät guet,
wird offt verzöhrt mit gutten Mueth,
Gott gab es Länger mit Gesundt,
Und Er darum globt werdt alle Stundt.

Andre Summer, 1604

Von alledem ist nichts mehr zu sehen. Geblieben sind schöne Fischer- und Weißgerberhäuser mit ihren eigenartigen Giebeln. Auch die Zahl der Berufsfischer in der Donau ist bis auf einen zurückgegangen.
Aber die Freude am Fischen steckt den Straubingers wie eh und je in den Knochen. Sie wohnen nicht mehr konzentriert und nur am „Untern Rain". Gemeinsam ist ihnen ihre Liebe zum Angelsport. Genaue Fischzeiten, genauer Angelort, strenge Wiegevorschriften und der Ehrgeiz, Fischerkönig zu werden, machen den Sport aus. Auch das „Wurmbaden", das ruhige, abgeschiedene Sich-Versenken in sich selbst und ins Wasser bei frischer Luft.
Träumen tun höchstens die Fische. Und die haben's noch niemandem gesagt, was sie geträumt haben. Sie sind stumm, glitschig und kalt.

Hans Vicari, 1991

1982 dürfen die Besucherkinder erstmals in einem Streichelzoo direkten Kontakt zu Schafen und Ziegen aufnehmen. Die Idee zum Bau eines „DANUBIUMS" wird der Presse vorgestellt. Geplant sind ein Feuchtbiotop für einheimische Tiere und ein Aquarium für Donaufische. Das Wort leitet sich vom lateinischen Namen der Donau ab. Durch Straubings Lage an der Donau bietet sich im Zoo die Anlage eines Flußuferbereiches mit seinem typischen Pflanzen- und Tierbestand geradezu an ... 1994 wird das Donauaquarium ... eröffnet.

Elke Schubert-Völkl, 1998

Die Brücke von Straubing ist nicht mehr die, von der man die Agnes ins Wasser schmiß, jetzt ist da so eine Art Märklin-Baukasten-Brücke, so eine, bei dem der Baukasten Nr. 5 den Buben gefehlt hat, wie es einem immer bei Bastelarbeiten gegangen ist. Es ist halt eine Notbrücke. Aber die Donau ist ein richtiger erwachsener Fluß mit richtigen Dampfern und Kohlenschiffen und es wird getutet, als sei hier Weltverkehr. Jenseits des Flusses liegt ganz, ganz weit hinten Preußen und Lappland.

Walter Foitzick, 1975

Wir fuhren in der niederbayrischen Ebene immer recht vergnüglich fort, zuweilen in größerer Entfernung von der Donau, zuweilen ganz nahe an ihr hin, und dabei hatten wir den hüglichen und viel zerschnittenen Rand des bayrisch-böhmischen Waldgebirges beständig zur Seite. – Die Donau macht hier, wie überall in den Ebenen, unzählige Windungen, so daß die auf ihr Hinabschiffenden die Stadt Straubing bald zur Rechten, bald zur Linken und zuweilen sogar hinter sich und wieder vor sich haben. Die Donauschiffer sollen daher auch von diesem Flußabschnitt sprüchwörtlich sagen, dort oberhalb Straubing sei kein Ankommen und kein Wegkommen.

Johann G. Kohl, 1854

Öberau … Eine knappe Gehstunde nordwestlich von Straubing, in idyllischer Lage auf einer sanften Bodenwelle an einer Donauschleife, inmitten von Gebüsch und Bäumen, erhebt sich neben zwei Bauernhöfen die anmutige Rokokokirche. Die Marienkapelle markiert die Stelle, wo früher ein Donauübergang war.

Karl Tyroller / Hans J. Utz, 1989

Straubing schon ihrer guten Lage nach Locus voluptatis, ein schönster Wohllusts-Orth, nicht nur weil ihre Fruchtbarkeit gleich dem geseegneten Garten Eden all anderen Getrayd-Boden den Trutz bietet, die vorbey leckende Donau, und benachbarte Wald, Wein, Eß-Waaren, und all guten Vorrath in leidentlichen Preiß verschaffen könnten, sondern auch weil sie ist an ihren Söhnen jene Evangelische Erden, deren jeder aus ihnen ein Saamen, so hundert- und tausendfältigen Frucht wiederum hervorbringet …

Straubing ein Wunder-Orth an ihren schönen Plätzen und Gassen, Kirchen und Thürnen, Stadt-Mauren und Gräben, Ordnung, Grösse, und Schönheit deren Häusseren, Spatziergängen, luftigen Gegenden, und weiten Prospecten, daß man fast aller Orthen mit den Augen hangen bleibt, wohin einem nur immer die Sinn entführen, und jener nicht alles in dem so schönen Chur-Bayrn gesehen, welcher das schönste Straubing nicht gesehen hat.

Petrus Gerl, 1758

Der Strom

Der große Strom kam breit hergeflossen
Wie ein großer, silberner Fisch. Wälder warn
seine Flossen.
Mit dem hellen Schwanz hat er am Himmel
angestoßen.

So schwamm er schnaubend in die Ebene hinein.
Licht wogte um ihn, dunstiger Schein.
Dann war nur mehr er, nur mehr er, der silberne,
nur mehr er allein.

Georg Britting, 1933

ANTE
GMT ANTE

Si res pulchras omni laudum genere prosequendas esse putatis, hanc urbem celeberrimam mecum laudate, qua non est alia dignior laude ...
Deus, aeternus pater domini nostri Jesu Christi, civitati Straubingensi pacem concedat, et eam sancto suo spiritu regat, et totius Reipublicae cursum gubernet ad sanctissimi nominis sui gloriam et multorum hominum salutem.

Wenn Sie glauben, das Schöne verdiene es, mit jeder Art der Lobpreisung gefeiert zu werden, so stimmen Sie mit mir ein in das Lob unserer hochberühmten Stadt, die von keiner anderen Stadt an Lobenswürdigkeit übertroffen wird ...
Gott, der ewige Vater unsers Herrn Jesus Christus, gewähre der Stadt Straubing Frieden, er leite sie mit seinem heiligen Geiste, und lenke den Gang des ganzen Straubinger Gemeinwesens zur Verherrlichung seines heiligsten Namens und zum Heile vieler Menschen!

Stephan Reitter, 1578

Bilderläuterungen

Vorsatz:

Bajuwarische Gürtelschnalle (Gäubodenmuseum)

2 Straubing mit Donauschleife

„Zierde des gantzen Landes“

5 Tor in der Fraunhoferstraße, 1986
6 Theresienplatz mit Stadtturm, 1964
8 Heimatkunde-Unterricht auf dem Friedhof St. Peter, 1957
10 Fenster an einem Bierzelt auf dem Gäubodenfest, 1989

„Stadt aus der Ebene“

11 Straubing von Norden (Hagen und Stadtmauer), 1957
13 Straubing vom Bogenberg aus
14 Straubing von Norden
15 Straubing von Westen
16 Straubing von Süden
17 Straubing von Osten
18/19 Stadtsilhouette im Winter (von Osten)

„eine uralte Geschichte“

20 Straubing von Osten (Schlesische Straße), 1957
21 Reitermasken aus dem Römerschatz; Götterstatuetten Lar und Amor aus dem Römerschatz (Gäubodenmuseum)
22 Bajuwarische Gürtelschnalle (Gäubodenmuseum)

„einer Gottesburg gleich“

23 Petersgasse in der Altstadt, 1957
25 Romanische Basilika St. Peter (erbaut um 1180) mit Elisabethinenkloster Azlburg (umgestaltet 1789) und dem Schachnerbau (Erweiterungsbau des Krankenhauses, 1929)
26 Romanisches Tympanon des Südportals (um 1180)
27 Romanischer Christus im Chorraum der Basilika (um 1200)
28 Spätgotische Grabsteine an der Westseite der Bernauerkapelle; Renaissance-Epitaph der Familie Muckh an der Ostseite der Kirche St. Peter (Mitte des 16. Jahrhunderts); Renaissance-Epitaph der Familie Synbacher an der Westseite der Totenkapelle (Anfang des 16. Jahrhunderts); Renaissance-Epitaphe des Ledererehepaares Püchler und der Familie Hollinger an der Nordseite der Bernauerkapelle (2. Hälfte des 16. Jahrhunderts)
29 Gotische Totenkapelle (errichtet 1486) mit Totentanz-Fresken von Felix Hölzl (1763) und gotischem Grabstein der Straubinger Bürgersfrau Anna Ulein aus Kalkstein (1363)
30 Schmiedeeiserne Kreuze (17./18. Jahrhundert)
31 Engel auf dem Grabstein des 1848 verstorbenen Straubinger Sattlers Josef Lehner
32 St. Peter im Herbst

„eine schöne Stadt, mit einem Schlosse“

33 Schlittenfahren am Rentamtsberg, 1955
36 Spitaltor: spätmittelalterliches Nordtor der Stadtbefestigung (1628 frühbarock umgestaltet); Geschäftshaus „Steinerthor“ an der Ecke Bahnhofsstraße/Stadtgraben (errichtet 1998)
37 Unteres Tor oder Passauer Tor oder Ludwigstor: östlicher Abschluss des Stadtplatzes (errichtet 1810 in klassizistischer Form nach dem Abbruch der mittelalterlichen Stadtbefestigung); Geschäftskomplex „Theresientor“: westlicher Abschluss des Stadtplatzes (errichtet 1991)
38 Gotisches Herzogsschloss (Baubeginn 1356 als Fürstenherberge, Verwaltungssitz und Verteidigungsbastion unter Herzog Albrecht I. von Straubing-Holland)
39 Gotisches Herzogsschloss mit Torturm
40 Rotmarmor-Epitaph der Agnes Bernauer (1435 in der Donau ertränkt) in der Bernauerkapelle am Friedhof St. Peter

41 Mönch (Michael Wittenzellner), Agnes-Bernauer-Festspiele 1999

42 Agnes-Bernauer-Festspiele 1999: Albrecht und Agnes (Rüdiger Kuchler und Feride Niedermeier); Schauspieler in der Pause

43 Rentamtsberg mit Salzstadel (errichtet 1447/1761) und Agnes-Bernauer-Turm (errichtet nach 1474)

44 Spätmittelalterlicher Pulverturm (errichtet nach 1474) mit Stadtmauer

45 Weytter- oder Polizeiturm, Wachturm der spätmittelalterlichen Stadtbefestigung, mit Turm der Jesuitenkirche; Stadtmauer-Durchgang beim Pater-Petrus-Heitzer-Weg; Stadtmauer am Hagen

„Lebensader und Mittelpunkt"

46 Theresienplatz, 1957

48 Blick vom Turm der Kirche St. Jakob auf das nordöstliche Viertel der Neustadt (mit Karmelitenkloster)

49 Blick vom Turm der Kirche St. Jakob während der Sanierung des Turmes 1999/2000

50 Nordfront des Ludwigsplatzes mit „Haus in der Kron" (errichtet im Spätmittelalter, Rokokofassade von Mathias Obermayr nach 1756); Rathaus (ehemaliges Kaufmannshaus, 1382 von der Bürgerschaft erworben und zum Rathaus umgebaut, 1893 neogotisch umgestaltet)

51 Blick vom Turm der Kirche St. Jakob auf die Südfront des Ludwigsplatzes und auf den gotischen Stadtturm (Baubeginn 1316)

52 Gotisches Portal des Stadtturms; Stadtturm-Durchgang mit Steinergasse und Turm der Kirche St. Veit

53 Barocke Dreifaltigkeitssäule (errichtet 1704/1709 aufgrund eines Gelübdes der Bürgerschaft im Spanischen Erbfolgekrieg); Dreifaltigkeitssäule mit Tiburtiusbrunnen (18. Jahrhundert)

54 Theresienplatz mit Dreifaltigkeitssäule und Tiburtiusbrunnen; Hausfassaden am Theresienplatz und am Ludwigsplatz

55 Spätmittelalterliches Adelshaus der Lerchenfelder mit barockem Fassadenstuck, mit Eckerker (Affe)

56 Seminargasse mit ehemaligem Stiftskapitelgebäude (wieder errichtet in klassizistischem Stil nach dem Stadtbrand 1780); Bürgerspital (errichtet 13./14. Jahrhundert)

57 Enggasse; Spitzwegwinkel (in Erinnerung an den Maler Karl Spitzweg, der 1829 in der Straubinger Löwenapotheke arbeitete)

„der wogende Umladehafen"

58 Petersdult am Theresienplatz, 1953

60 Markt am Ludwigsplatz, vom Stadtturm aus gesehen

61 Marktleben am Ludwigsplatz

62 Geschäft Hildegard Bergbauer im Stadtturm

63 Ludwigsplatz im Regen mit Wasserturm (errichtet 1922)

64 Taxistand am Ludwigsplatz

65 Schattenspitzen des Stadtturms; Pflasterszenen

„Gottes eigene Stadt"

66 Fronleichnamsprozession am Stadtplatz, 1964

69 Gotische Kirche St. Veit (errichtet nach dem Stadtbrand 1393 aufgrund eines Gelübdes der Bürgerschaft, Anfang des 18. Jahrhunderts barockisiert) und Hausmadonna in der Rosengasse

70 Barocke Wallfahrtskirche Frauenbrünnl (errichtet 1705/07)

71 Wallfahrtskirche Frauenbrünnl, ausgestaltet von Georg Asam und Franz Mozart

72 Gotische Karmelitenkirche „Hl. Geist" (errichtet 1368/1430; barockisiert 1700): Blick über die Rokokokanzel

(geschaffen 1756 von Anton Keller und Anton Abele) auf den barocken Hochaltar (1741/42 gefertigt von Joseph Matthias Götz)

73 Kreuzgang des Karmelitenklosters (1368 gegründet, 1684 barockisiert) mit Karmelitenpatres (P. Viktor, P. Elias, P. Englmar)

74 Gotischer Hospitalsaal des Bürgerspitals „Hl. Geist“ (errichtet im 14. Jahrhundert)

75 Klassizistische Kalvarienberg-Kapelle (errichtet 1832) mit Kreuzigungsgruppe (um 1480)

76 Ehemalige Jesuitenkirche „Aufnahme Mariens in den Himmel“: Gotisches Tympanon mit Madonna im urspünglichen Eingangsportal (erste Hälfte des 14. Jahrhunderts); Puttengruppe am Altar der nördlichen Seitenkapelle von 1736 in der 1680 umgebauten und barockisierten Jesuitenkirche

77 Silbergetriebene Immaculata von Franz Keller (um 1700, Madonna der Marianischen Männerkongregation); Prozession der Marianischen Männerkongregation an ihrem Hochfest über den Stadtplatz (April 2000)

78 Gotische Hallenkirche „St. Jakob und St. Tiburtius“ (Baubeginn Ende des 14. Jahrhunderts)

79 Gotische Hallenkirche „St. Jakob und St. Tiburtius“: ältestes Glasfenster in der Maria-Hilf-Kapelle (um 1418); barocker Altar von Cosmas Damian und Egid Quirin Asam in der Tod-Mariä-Kapelle (um 1730/40)

80 Rokokokirche „St. Anna“ des Klosters Azlburg (errichtet 1787/89) mit Fresken von Franz Xaver Merz und Stuckarbeiten von Mathias Obermayr; Elisabethinen des Kosters Azlburg (Sr. Walburga, Sr. Lucia, Sr. Pelagia, Sr. Elisabeth, Sr. Antonia, Sr. Rita, Sr. Germana, Sr. Michaela, Sr. Columba, Sr. Regina)

81 Barocke Ursulinenkirche „Unbefleckte Empfängnis“ (errichtet 1736/1741 als letztes gemeinsames Werk der Gebrüder Cosmas Damian und Egid Quirin Asam): Fassade; Details aus dem Innenraum

„die Hülle des Denkmals“

82 Männer am Kriegerdenkmal/Stetthaimer Platz, 1954

84 Ehrenmal für die Opfer des Ersten und Zweiten Weltkrieges und des Nationalsozialismus im spätmittelalterlichen Pulverturm (nach 1474) mit Bronzeplastik „Opfer und Leidtragende“ von Karl Reidel (1963)

85 Gedenkstein für die Mitglieder der jüdischen Gemeinde Straubings, die während der nationalsozialistischen Zeit ermordet wurden, in der Synagoge an der Wittelsbacherstraße 2

86 Bürgerdenkmal an der Regensburger Straße zur Erinnerung an die erfolgreiche Verteidigung der Stadt im Österreichischen Erbfolgekrieg im April 1742 (errichtet 1892, entworfen von Theodor Haf); Kriegerdenkmal am Unteren Tor zur Erinnerung an die Gefallenen des Deutsch-Französischen Krieges 1870/71 (errichtet 1876, entworfen von Theodor Haf)

87 Fraunhofer-Denkmal am Herzogsschloss zur Erinnerung an den berühmtesten Sohn Straubings, Joseph von Fraunhofer (1787-1826), Optiker und Physiker (errichtet 1910, entworfen von Hermann Hahn); Bruder Straubinger-Denkmal im Stadtpark an der Ecke Stadtgraben/Steinergasse (errichtet 1962, geschaffen von Karl Tyroller)

„eine äußerst rege, gesunde, stetig aufwärtsstrebende Mittelstadt“

88 Mädchenklasse in der Ulrich-Schmidl-Schule, 1978

91 Staatliche Knabenrealschule an der Inneren Passauer Straße 1 (errichtet 1913); Eingangstür zur Staatlichen Fraunhofer Berufsschule mit Sgraffito „Joseph von Fraunhofer“ von Josef Eberl in der Pestalozzistraße 4 (1959)

92 Arzthelferinnen in der Mathias-von-Flurl-Berufsschule am Stadtgraben 39

93 Schülerin im Institut für Hörgeschädigte, Eichendorffstraße 111

94 „Spielende Kinder“ von Hans Rieser am 1997 eingeweihten Klinikum St. Elisabeth;
Rettungssanitäter vor dem ADAC-Rettungshubschrauber am Klinikum St. Elisabeth

95 Skikontrolle in der Firma Völkl im Industriegebiet Sand;
Flaschenfüllerei der Karmelitenbrauerei im Industriegebiet Ost

96 Druck der Tageszeitung „Straubinger Tagblatt“

97 Straubing von Süden;
Wohnsiedlung im Süden der Stadt an der Eichendorffstraße (errichtet 1995)

98 Wohnanlage der Baugenossenschaft „Arbeiterwohl“ (heute Volksheim-Baugenossenschaft) an der Rennbahnstraße in Straubing-Süd (errichtet 1928)

99 Parkanlage am Allachbach/Obere Bachgasse;
Parkanlage vor dem Pulverturm

100 Stadtgärtnerei in der Altstadt;
Anlage am Kinseher Berg

101 Kleingärtner in der Kleingartenanlage Am Hagen

102 Blick nach Alburg mit Kirche St. Stephan;
Zuckerrübenernte im Gäuboden vor der Stadtsilhouette (von Alburg aus gesehen)

„A Trumm vom Paradies“

103 Auf dem Theresienplatz zur Volksfestzeit, 1987

105 Wirtsstube des „Bayerischen Löwen“ am Ludwigsplatz

106 Bürgerfest 2000; Radltour-Fest des Bayerischen Rundfunks 1999 am Stadtplatz

107 Bürgerfest 2000

108 Zuhörer und Rockmusiker bei Radltour-Fest des Bayerischen Rundfunks 1999

109 Klassik-Konzert 1999 auf dem ehemaligen Gelände der Landesgartenschau;
Aufführung der „Carmina Burana“ 1999 durch den Straubinger Kammerchor im Hof des Herzogsschlosses

110 Riesenrad beim Gäubodenvolksfest;
Simon-Höller-Straße, geschmückt für das Gäubodenvolksfest

111 Im Bierzelt beim Gäubodenvolksfest

112 Hallen- und Freibad Aquatherm mit Thermalwasser-Becken;
Ruderer auf der Donau

113 Rennen auf der Trabrennbahn;
Flugplatz Wallmühle

114 „Joseph von Fraunhofer Stadthalle“ am Hagen (errichtet 1996)

„Stadt am Donauflusse“

115 Überflutete Bschlacht, 1982

118 Staustufe des Rhein-Main-Donau-Kanals (in Betrieb genommen 1989)

119 Donau bei der Staustufe des Rhein-Main-Donau-Kanals mit Vorderem Bayerischem Wald und „Nixe“, geschaffen von Hans Rieser (1992)

120 Schleuse

121 Schleusenwärter bei der Staustufe des Rhein-Main-Donau-Kanals mit Blick auf Wallfahrtskirche „Mariä Himmelfahrt“ in Sossau (errichtet bzw. erweitert um 1146/1350)

122 Alte Weide in der Vogelau (Naturschutzgebiet auf der Gstütt-Insel)

123 Öberau mit Kirche „Zu Unserer Lieben Frau“ (errichtet 1738/39)

124 Donaufischer Johann Mayer mit Bogenberg

125 Huchen im Danubium des Straubinger Tiergartens

126 Blick auf Straubing von der Einmündung der Kößnach aus

Nachsatz:

Romanischer Fries vom Hauptportal der Kirche St. Peter

Quellennachweis

Anonymus: Geschichte des Straubinger Aufruhrs, und seiner Quellen, o.O. 1802, 6

Arnpeck, Veit: Zitiert nach Huber, Alfons: Agnes Bernauer im Spiegel der Quellen, Chronisten, Historiker und Literaten vom 15. bis zum 20. Jahrhundert. Ein Quellen- und Lesebuch, Straubing 1999, 62

Asam, Egid Qu.: Zitiert nach Utz, Hans: Sechs Asam-Briefe im Ursulinenkloster Straubing, in: Jahresbericht des Historischen Vereins für Straubing und Umgebung 68. Jg. (1965), Straubing 1966, 69 - 77, hier 72/73

Asanger, Florian: Straubing, in: Um Main und Donau. Ein Heimatbuch, hg. von Florian Asanger und Karl d'Ester, Leipzig 1919, 119

Bauer, Josef M.: Straubing, Straubing 1968, neu hg. von Albert Diller, Straubing 1996, 6; 41; 34; 5 und 7/8; 10; 41/42

Biller, Josef H.: Die Donau vom Schwarzwald bis Passau, Passau 1969, 273; 274

Billinger, Richard: Traum in Straubing, in: Sichel am Himmel, Leipzig 1931, in: Richard Billinger, Gedichte, hg. von Wilhelm Bartenschlager, Wels 1980, 101 - 104, hier 101

Böhm, Karl: Die Bajuwaren im Gäuboden, in: Dieter Vogel (Hg.), Der Gäuboden, Vilsbiburg 1996, 30/31

Bosl, Karl: Straubing's bayerische Seele, in: Karl Bosl (Hg.), Straubing. Das neue und alte Gesicht einer Stadt im altbayerischen Kernland, Straubing 1968, 13 - 24, hier 24; 13

Brief (eines Korrespondenten) aus Straubing. Straubing, 24. April 1844, in: Landes-, Kreis- und Lokal-Chroniken in Originalbriefen, in: Joseph H. Wolf, Allgemeine bayerische Landes- und Volks-Chronik. Eine Monatsschrift, III. Jahrbuch, München 1844, 97 - 109, hier 102

Britting, Georg: Der Strom, aus: Die kleine Welt am Strom, München 1933, in: Georg Britting, Gedichte 1930 bis 1940. Sämtliche Werke, 2. Bd., hg. von Walter Schmitz, München 1933, 69

Dielhelm, Johann H.: Antiquarius des Donau-Stroms oder ausführliche Beschreibung dieses berühmten Stroms, Frankfurt am Mayn 1785, 260

Diller, Albert: Kultur und Bildung, in: Straubing heute, hg. von Helmut Oestreicher und Albert Diller, Berlin 1968, 51 - 64, hier 56; 61

Döring, Oskar: Straubinger Bilderbogen. Rennen, in: Jahresbericht des Historischen Vereins für Straubing und Umgebung 26. Jg. (1923), Straubing 1924, 41 - 63, hier 57/58

Döring, Oskar: Gäuboden-Heimat, 2. erw. Auflage der „Jugendheimat“, Straubing 1956, 8

Duller, Eduard: Die malerischen und romantischen Donauländer (Das malerische und romantische Deutschland 8), Leipzig 1838 - 1840, Nachdruck: Die Donau, München (Verlag L. Borowsky) o.J., 231; 235

Ebermayer, Ludwig: Fünfzig Jahre Dienst am Recht, Erinnerungen eines Juristen, Leipzig/Zürich 1930, 32/33

Ebertseder, Robert B.: Niederbayrische Einkehr. Reime und Gedichte in Auswahl, Tann 1984, 128

Ebner, Adolf: Führer durch Straubing und Umgebung (Woerl's Reisehandbücher), Würzburg/Wien 1888, 9

Ertel, Wilhelm A.: Des Chur-Bayrischen Atlantis zweyter Theil. Das ist Eine Grundrichtige Historische und mit vielen Kupfern ... gezierte Abbildung aller Städten, Märckt ..., Nürnberg 1698, 164

Fink, Alois: Niederbayern, herbstliches Land an der Donau (Rundfunk-Manuskript 1955), in: Hermann Hasinger (Hg.), Donaufahrt von der Quelle bis Wien, München 1977 (5. Auflage), 166/167

Freisleder, Franz: Grod sche is bei uns. Plaudereien übers Bayernland (Bavaria, Bd. 10), Pfaffenhofen 1985 (2. Auflage), 170

Foitzick, Walter: Die Entdeckung Straubings. Wie ein Dichter 1949 Straubing erlebte, in: Straubinger Kalender 1975, Straubing 1975, 208 - 212, hier 208; 212

Fürst, Birgit: „Der Konkurrenz eine Nasenlänge voraus“. Gespräche mit Franz Völkl, Hermann Schnurrenberger und Gregor Furrer, in: Vom Schneeschuh, dem Renntiger, und dem Zebra im Bayerischen Wald. Wintersport im Bayerischen Wald (Katalog des Gäubodenmuseums Straubing Nr. 28), Straubing 1999, 115 - 122, hier 115

Fumian, Josef: Bruder Straubinger (mit Illustrationen von Lothar Meggendorfer), Straubing 1919, o.S.

Fussenegger, Gertrud: Von Regensburg nach Straubing, aus: Eines langen Stromes Reise, Stuttgart 1976, in: Monika Hubel (Hg.), Kleine Geschichten von der schönen blauen Donau, Stuttgart o.J., 68

Gercken, Philipp W.: Reisen durch Schwaben, Baiern, die angränzende Schweiz, Franken, die Rheinische Provinzen und an der Mosel in den Jahren 1779 - 1783, 2. Theil, Stendal 1784, 73

Gerl, Petrus: Seelig-Sprechung des ... Herrn Henrici ... zu Mallerstorff Abbtens, Regenspurg 1758, 7/8

Götz, Wilhelm: Geographisch-historisches Handbuch von Bayern, Bd. I, München 1895, 628

Haller, Hanns: Die niederbayerischen Städte, in: H. Birling u.a., Die Stadt in Bayern, München 1954, 86

Huber, Alfons: Mit 25 Braustätten Hochburg flüssigen Brots. Brauwesen in Straubing, in: Straubinger Tagblatt vom 11. Aug. 2000 (Gäubodenvolksfest-Beilage), Straubing 2000, 19

Hubrich, Eugen: Straubinger Alltagsbilder, in: Straubing, bearb. von Otto Höchtl, Berlin 1930, 27 - 42, hier 29; 33

Huch, Ricarda: Straubing (1927), in: Im alten Reich. Lebensbilder deutscher Städte, Bremen 1960, 422 - 427, hier 423; 425/426; 427; 426

Hueber, Fortunatus (1671): Zeitiger Granat-apfel der allerscheinbaristen Wunderzierden: Zitiert nach Hubert Freilinger: Straubing. Über den geschichtlichen Rang einer jungen alten Stadt, Stuttgart 1991, 59

Jansen, Werner: 's Fetthaferl. Bairische Verserl, Straubing 1983, 67; 65

Jansen, Werner: Um a Fümferl a Durchanand. Bairische Verserl und Gschichten, Straubing 1993, 10

Karlinger, Hans: Aus Altbayern. Städte und Bilder, München/Leipzig/Berlin 1920, 36; 32; 31/32; 32/33

Kirnberger, Max: Straubing kunstgeschichtliches Erbe, in: Straubing heute, hg. von Stadt Straubing, Berlin 1968, 79 - 88, hier 81

Kohl, Johann G.: Die Donau von ihrem Ursprunge bis Pesth, Triest 1854, 90; 96; 86/87; 87

Kreith von, Sigmund: Zitiert nach Huber Alfons: Eine Stadt schafft sich ihr Fest. Das Volksfest in den ersten 100 Jahren, in: Die 5. Jahreszeit. 175 Jahre Gäubodenvolksfest Straubing (Katalog des Gäubodenmuseums Straubing Nr. 11), hg. von Alfons Huber und Johannes Prammer, Straubing 1987, 1 - 44, hier 3

Krenn, Dorit-Maria: Lebensminiaturen berühmter Straubinger, Straubing 1999, 41

Künstler, Leopold: Wirtschaft und wirtschaftliche Entwicklung Straubings, in: Straubing, bearb. von Otto Höchtl, Berlin 1930, 43 - 63, hier 63

Lindmarker, Ingmar: Kirchen, Erde und offene Grenzen. Ein schwedischer Journalist sieht Straubing, in: Straubinger Tagblatt vom 7. Mai 1988, 19

Meidinger, Franz S.: Bilanz zwischen Landshut und Straubingen, o.O. (= Landshut) 1782, neu hg. von Anton Mößmer, Straubing 1998, 64; 31

[Meidinger, Franz S.]: Historische Beschreibung der kurfürstlichen Haupt- und Regierungs-Städte in Niederbayern Landshut und Straubing, Landshut 1787, 196/197; 148

Müller, Adelbert: Die obere Donau. Beschreibung des Stromes und seiner Umgebungen von den Quellen bis Wien, Regensburg 1839, 91

Nicolai, Friedrich: Beschreibung einer Reise durch Deutschland und die Schweiz, im Jahre 1781, in: Gertrud Stetter, Bayern in alten Ansichten und Schilderungen, München/Sigmaringen 1971, 65

Oberneder, Marzell: Die Stadt der Bernauerin, in: Sonniges Grenzland, Straubing 1952, 15; 16; 17

Oberneder, Marzell: Als der Großvater noch lebte, 3. Teil, Straubing o.J. (= 1978), 43; 101

Obieglo, Sr. M. Lucia: Einladung, in: Kloster Azlburg 1748 - 1998, 250 Jahre Elisabethinen in Straubing, hg. von Dorit-Maria Krenn, Straubing 1998, 3

Ortner, Heinrich: Straubing in seiner Vergangenheit und Gegenwart, Straubing 1902, 94

Peinkofer, Max: Der Brunnkorb. Niederbayerische Heimatbilder, München 1947, 227; 228

Peinkofer, Max: „Was's Volksfest z'Straubing is? A Trumm vom Paradies!" (1927), zitiert nach Helmut Wagner, „Was's Volksfest z'Straubing is?" Das Gebäudenvolksfest in Versen, in: Die fünfte Jahreszeit. 175 Jahre Gäubodenvolksfest (Katalog des Gäubodenmuseums Straubing Nr. 11), hg. von Alfons Huber und Johannes Prammer, Straubing 1987, 123 - 131, hier 123

Pezzl, Johann: Reise durch den Baierschen Kreis, Salzburg/Leipzig 1784, 18/19; 20/21

Pflug, Hans: Die Donau von der Quelle bis Passau, Berlin 1942 (2. Auflage), 35

Polizeibeobachter auf dem Stadtturm: Zitiert nach Werner Schäfer/Guido Scharrer/Hermann Stickroth: Sorviodurum. Strupinga. Straubing. Geschichte einer Stadt, Straubing 1985, 153

[Pongratz, Josef]: Baugenossenschaft Arbeiterwohl Straubing, e.G.m.b.H., in: Straubing, bearb. von Otto Höchtl, Berlin 1930, V - VIII, hier V

Prammer, Johannes: Der römische Schatzfund von Straubing, in: Museumsführer Gäubodenmuseum, hg. von Johannes Prammer, Straubing 2000, III/1 - III/8, hier III/2

Protzen, Otto: Vom Schwarzwald zum Schwarzen Meer, Braunschweig/Hamburg 1923 (2. Auflage), 39; 38

Rally von, W.: Die Donaureise von Regensburg bis Linz, Wien 1840, 43; 38; 39

Reitter, Stephan: Eine Lobrede auf Straubing von 1578 (Oratio per ... Stephanum Reitterum Straubingensem ... composita et ... in publicum sparsa, Noribergae 1578), übers. von Alois Kohl, in: Jahresbericht des Historischen Vereins für Straubing und Umgebung 7. Jg. (1904), Straubing 1905, 23 - 41, hier 34

Rieple, Max: Straubing unter der fünfzackigen Turmkrone, in: Donaufahrt mit Dir, Stuttgart 1969, 152; 153; 155; 156

Rohrmayr, Hanns: Wanderungen durch die Stadt Straubing, in: Führer durch die Stadt Straubing und Umgebung, hg. von Hanns Rohrmayr u.a., Straubing 1942, 7 - 41, hier 39/40

Scharrer, Guido: Auf jüdischen Spuren, in: Dieter Vogel (Hg.), Der Gäuboden, Vilsbiburg 1996, 152/153

Schäfer, Werner: Straubings große Grabdenkmäler, in: 1250 Jahre Kunst und Kultur im Bistum Regensburg. Berichte und Forschungen, München/Zürich 1989, 311 - 321, hier 318/319

Schindler, Herbert: Von Straubings Kunst, in: Bayerland 58. Jg. (1956), Heft 2, München 1956, 59 - 65, hier 62

Schmeller, Johann A.: Bayerisches Wörterbuch, München 1877 (2. Neudruck der Ausgabe), Aalen 1966, Bd. 2, Sp. 551

Schubert-Völkl, Elke: 60 Jahre Straubinger Tiergarten - Ein Rückblick, in: 60 Jahre Tiergarten Straubing, Straubing 1998, 27 - 39, hier 35/37

Schultes, Joseph Aug.: Baiern's Donau-Strom von Ulm bis Engelhardszell mit allem an den Ufern desselben vorkommenden Merkwürdigem. Ein Handbuch für Reisende auf der Donau, Wien 1819, 325

Setz, Andreas: Mittag in der alten Stadt, in: Gäuboden aktuell vom 17. Aug. 1995, Straubing 1995, 23